Bergspredikan

Guds rikes lag

Christian Martinsson

Förlag: BoD – Books on Demand, Stockholm, Sverige
Tryck: BoD – Books on Demand, Norderstedt, Tyskland
ISBN: 978-91-7969-983-3

Innehåll

Förord

Varför skriva en bok om Bergspredikan? Det finns väl viktigare delar av Bibeln att fördjupa sig i? Vad kan Jesu förbud mot att svära eder säga kristna idag? Eller hans bud att inte samla skatter på jorden? Frågan är om det verkligen finns så många delar av Bibeln som är viktigare än Bergspredikan. Vad hade aposteln Johannes eller hans lärjunge Polykarpus, trogen biskop i den trogna församlingen Smyrna sagt om Bergspredikans betydelse? Denna boks syfte är att göra oss kristna i Sverige medvetna om betydelsen av Jesu undervisning i Matteus kapitel 5–7. Ett annat syfte är att inspirera dig till att leva ett liv av överlåtet lärjungaskap, i gemenskap med andra som älskar Jesus helhjärtat.

Jag skriver inte denna bok från en hög och upphöjd position, i tron att jag själv är en god lärjunge till Jesus Kristus. Alla vi kristna befinner oss på en vandring mot att bli lika Jesus och meningen är att vi ska växa till mer och mer i kunskap om och lydnad av sanningen. Sedan 2013 har jag varit väldigt intresserad av 1500-talets så kallade anabaptister (vederdöpare), som i tusental gick i döden för sin tro på att dopet endast är för troende och att församlingen ska vara fri från statens inblandning. På den tiden var det i Europa fullständigt förbjudet att bilda församlingar som inte ingick i antingen de katolska, ortodoxa eller protestantiska statskyrkorna. Anabaptisterna studerade Nya testamentet mycket intensivt, strävade efter att följa Jesus på alla områden av livet och bildade församlingar i enlighet med Nya testamentets instruktioner och exempel. Man praktiserade kristen kärlek i form av andligt, ekonomiskt och praktiskt bistånd av varandra. Församlingen skulle fungera som en familj. Tre hörnpelare inom anabaptismen är lärjungaskap, brödragemenskap och radikal kärlek till alla, inklusive till sina fiender. Anabaptisterna betonade också just Bergspredikan. En annan sak som de betonade var pånyttfödelsens kraft att förvandla människors liv från syndare till överlåtna tjänare av rättfärdigheten. Om man inte har blivit född på nytt kan man inte bli en fruktbärande lärjunge till Jesus och därför kommer denna bok även att behandla ämnet pånyttfödelse.

Genom jämförelser mellan anabaptismen och Bibeln har jag fått övertygelsen att anabaptismen är en av de kristna rörelser under historien som mest konsekvent följt Jesu och apostlarnas undervisning. Även den tidiga kyrkans tro och liv har varit ett intresseområde de senaste åren, vilket till stor del har bekräftat denna övertygelse. Min önskan är att ge vidare till andra kristna av den uppenbarelse som jag har fått om vikten av att hålla fast vid Jesu undervisning i Bergspredikan, och följa dess befallningar i det vardagliga livet. Jesus är inte bara vår Frälsare, utan också vår Herre och Konung. Under mycket lång tid har tyvärr Jesu egen undervisning fått en undanskymd plats i många kyrkors och samfunds förkunnelse och lära. Istället har i synnerhet Paulus brev utgjort den del av Bibeln som flest predikningar utgått ifrån. Anledningen till det är att protestanter väldigt starkt betonar läran om rättfärdiggörelse genom tro, som Paulus behandlar utförligt i sina brev. Undervisningen om rättfärdiggörelse genom tro är förstås en av de viktiga grunderna i den kristna tron, men för att bäst förstå Paulus bör vi ta vår utgångspunkt i Mästarens egen undervisning, som Paulus själv gjorde. I denna boks appendix kan du fördjupa dig i frågan om hur man bör läsa och förstå Bibeln.

Boken innehåller många citat från tidiga kristna, som i likhet med bibelcitaten är kursiverade. Det beror givetvis inte på en övertygelse om att de utombibliska citaten har lika hög auktoritet som Bibelns eget ord. Anledningen till att citaten från tidiga kristna författare finns med är att de belyser hur de förstod och tillämpade Jesu undervisning i den tidiga kyrkan. De tidiga kristna skrifter och citat som jag använt kan ses som en tidig kommentar till Nya testamentet och, i och med att de antingen skrev alldeles i slutet av apostlarnas tid (lite före år 100), eller under de två

6

närmast följande århundradena, är det troligt att de hade en bättre förståelse av Jesu och apostlarnas undervisning än vad till exempel 1900-talets kommentatorer hade. Bibeln har dock varit mitt främsta källmaterial. Den innehåller allt som vi behöver veta för att få rätt kunskap om Gud och hans vilja för våra liv som efterföljare till Jesus. Därför uppmuntrar jag alla läsare av denna bok att slå upp bibelreferenserna i fotnoterna för att gräva djupare i Guds ord. Om inget annat anges har Folkbibeln 2015 använts då Bibeln citeras.

Introduktion

Jesu Bergspredikan hade ett mycket stort anseende i den tidiga kyrkan.[1]
Följande citat[2] av Athenagoras[3] illustrerar hur central betydelse Bergs-
predikan hade i kyrkans undervisning under 100-talet:

Vilka är då de lärdomar genom vilka vi kristna fostras? Jag säger er,
"Älska era fiender; välsigna de som förbannar er. Be för de som
förföljer er."

Didaché, en skrift med instruktioner för kristet lärjungaskap och försam-
lingsliv, uppenbarar också Bergspredikans centrala roll i den tidiga kyr-
kan. I undervisningen om hur kristna ska leva finner vi många bud från
Bergspredikan:

Detta är livets väg. För det första: du skall älska Gud som har skapat
dig. För det andra: du skall älska din nästa som dig själv. Allt vad du
inte vill att det skall hända dig, det skall du inte heller göra mot någon
annan. Läran i dessa ord är denna: Välsigna dem som förbannar er
och be för era fiender, fasta för dem som förföljer er. Ty skall ni ha
tack för att ni älskar dem som älskar er? Gör inte hedningarna
likadant? Älska dem som hatar er så får ni inte någon fiende. Akta er
för sinnliga och kroppsliga begär. Om någon slår dig på högra kinden,
vänd då också den andra mot honom, så blir du fullkomlig. Om någon
vill tvinga dig att följa med en mil i hans tjänst, så gå två mil med
honom. Om någon vill ta ifrån dig din mantel, så ge honom din skjorta
också. Tar någon det som är ditt, så kräv det inte tillbaka, ty du kan

---

[1] Kyrkan före konciliet i Nicaea 325
[2] Egen översättning till svenska från en engelsk översättning av det grekiska originalet. Citatet finns
på s. 610 i A DICTIONARY of EARLY CHRISTIAN BELIEFS, ed. David Bercot.
[3] En kristen apologet som levde ca. 133–190

det inte heller. Ge åt var och en som ber dig och kräv det inte tillbaka,
ty Fadern vill att man skall ge åt alla av de gåvor man fått av honom.
Salig är den som ger enligt budet, ty han är fri från skuld.[4]

Jesu bud och befallningar för sitt folk i det Nya förbundets tid utgjorde inte bara en förbättring av Mose lag, utan Jesu undervisning i Bergspredikan ersatte densamma.[5] Hans undervisning beskriver hur de ska leva som blivit medborgare i Guds rike.[6] Det som Jesus mestadels predikade om var varken vikten av att bli född på nytt eller sin kommande död och uppståndelse, utan evangeliet om Guds rike.[7] Ett av Matteus evangeliums viktiga teman är att Jesus är den Messias som judarna hade väntat på i många hundra år. Han är den ättling till David som föddes till att bli judarnas smorde konung.[8] Judarna förväntade sig att Messias skulle befria dem från romarnas ockupation av Israel och göra landet stort och mäktigt som det hade varit på kung Davids tid. Jesus hade emellertid inte kommit för att rädda dem från deras jordiska fiender, utan från deras andliga. Han kom för att *"frälsa sitt folk från deras synder,"[9]* befria dem från djävulens herravälde och föra dem in i sitt rike.[10] I det nya förbundet utgör inte Guds rike ett geografiskt landområde som ska försvaras med svärd,[11] utan det är ett rike som regerar i människors hjärtan och driver dem till att leva i kärlek och fred med varandra.[12] Istället för att bekämpa människor av kött

---

[4] Didaché kan ha skrivits så tidigt som ca år 80. Citatet är hämtat från boken *DE APOSTOLISKA FÄDERNA*, s. 16, övers. O. Andrén & P. Beskow (2006).

[5] 1 Kor. 9:21; Heb. 1:2; 7:12; 8:13

[6] Joh. 3:3,5; Fil. 3:20; Kol. 1:13.

[7] Se t ex Matt. 4:23; 9:36; kapitel 13; Matt. 24:14; Markus 1:15; Lukas 4:43; 8:1; 9:11; 11:20; 16:16.

[8] Matt. 2:1–6; Joh. 18:36f.

[9] Matt. 1:21

[10] Matt. 12:25-29

[11] Joh. 18:36

[12] Matt. 5:9; Markus 9:50; Lukas 1:79; Lukas 6:27-36; Rom. 12:17-21; 14:17-19

och blod är Guds folk i det nya förbundet kallade att endast strida mot de ondskans andemakter, som håller människor kvar i synd och otro.[13]

Bergspredikan utgör Jesu första och längsta tal i de fyra evangelierna. Det är det första av fem tal av Jesus som Matteus återger. Bergspredikan är också den första längre etiska undervisningen för Guds församling i hela Nya testamentet. Det är ingen slump att det är Matteus evangelium som inleder Nya testamentet, eftersom det innehåller så mycket av Jesu undervisning. Redan i den tidiga kyrkan var Matteus evangelium placerat först bland Nya testamentets böcker.

I den tidiga kyrkan betonades att Guds folk är kallat att leva i enlighet med Jesu och apostlarnas lära i det verkliga livet. Man ansåg att de flesta bud ska förstås bokstavligt, till exempel budet att inte stå emot det onda med fysiskt våld, utan vända andra kinden till om någon slår en. En hednisk motståndare till de kristna vid namn Celsus, som levde på 100-talet, skrev följande om de kristna:

De har också en lära som handlar om detta; att vi inte ska hämnas oss själva gentemot den som skadar oss. Eller, som Kristus uttrycker det: "Vem som än slår dig på den ena kinden, vänd också den andra mot honom" [14]

Av den anledningen lärde den tidiga kyrkan att det inte är rätt för kristna att döda människor i krig eller att verkställa dödstraff.[15]

---

[13] 2 Kor. 10:3–5; Ef. 6:10-18
[14] Enligt Origenes citering av Celsus i boken "Mot Celsus." Den engelska versionen har hämtats från s. 610 i A DICTIONARY of EARLY CHRISTIAN BELIEFS
[15] George Kalantzis presenterar utförligt många bevis för detta i boken *CAESAR and the LAMB – Early Christian Attitudes on War and Military Service* (2012).

Vi ska nu se närmare på ett antal likheter mellan Jesus och Mose, vilket tydliggör att Jesus utgjorde den store Profeten[16] som Guds folk är kallat att lyssna till i det Nya förbundets tid:

1. Både Jesus och Mose räddades från att dödas av kungar som dödade hebreiska spädbarn av manligt kön.
2. Mose befriade Israels folk från slaveriet under kungen i Egypten. Jesus befriar sitt folk från världen, ur slaveriet under synden och djävulen.
3. Mose förser Israels folk med manna i öknen. Jesus är själv det levande brödet från himlen som han ger åt dem som tror på honom.
4. Både Moses och Jesus fastade under fyrtio dagar och nätter i samband med att Gud genom dem förmedlade sin lag till sitt folk på ett berg.
5. Både Mose och Jesus gjorde många mirakler. Mose mirakler utgjorde straffdomar över Egypten, medan Jesu mirakler befriade människor från djävulens våld.
6. Mose är instiftaren av det Gamla förbundet och Jesus av det nya. Mose tog emot lagens tavlor av Gud på berget Sinai, medan Jesus gav sin lag på ett berg i Galiléen.

Det finns emellertid en stor skillnad mellan Mose och Jesus. Mose kunde bara hänvisa till vad Gud hade sagt till honom. Jesus, däremot, kunde som Guds Son tala med gudomlig auktoritet utan att hänvisa till en högre auktoritet än sig själv. Därför inleder han sina befallningar med frasen: *"Jag säger er."*

---

[16] 5 Mos. 18:15-18

11

Vi har kommit in på tanken att Jesus är det Nya förbundets Mose, Profeten och Laggivaren. På sex ställen i Bergspredikan, alla i Matt. 5, citerar eller anspelar Jesus på olika befallningar i Mose lag. Istället för att bekräfta vikten av lydnad gentemot dessa bud, ersätter Jesus dem med ännu mer fullkomliga bud. Exempelvis citerar han budet att inte svära falskt i 5:33[17] och ersätter det med budet att inte svära alls, utan alltid tala sanning. Då behövs inga eder mer för att bekräfta sanningen. Befallningen om att svära eder hade givits i Mose lag på grund av att människor av naturen ljuger mycket, vilket har gjort det nödvändigt att svära ed för att understryka att man talar sanning i samband med till exempel affärsavtal eller vid tillträdandet av en befattning i statens tjänst. Många av buden i Mose lag hade givits fram till tiden för en bättre ordning.

Enligt Mose lag kunde en man skilja sig från sin hustru och den frånskilda kvinnan kunde bli en annan mans hustru,[18] men Jesus förbjuder skilsmässa och omgifte. Han förklarade att Mose hade givit befallningen om skilsmässa och omgifte på grund av folkets hjärtans hårdhet.[19] Många som inte är födda på nytt förmår inte att hålla sig till en hustru eller man hela livet och därför gav Gud i Mose lag en ordning för att hantera skilsmässa och omgifte. I det nya förbundets tid ger Gud hela sitt folk den helige Ande och nåd att leva i lydnad av sanningen. Då människor blir befriade från sina hårda stenhjärtan och uppfylls av Anden får de den kraft de behöver för att göra Guds vilja. Det är också därför Guds folk i det nya förbundets tid har tagit emot en mer fullkomlig lag från Jesus, som uppenbarar hur Gud vill att alla människor ska leva. Om alla människor hade trott på och följt Jesu undervisning, skulle inga krig, skilsmässor,

---

[17] 3 Mos. 19:12
[18] 5 Mos. 24:1–4
[19] Matt. 19:8

fattigdom, bedrägerier, med mera, finnas. Någon har sagt att Bergspredikan utgör Guds botemedel för mänskligheten.

Indelning av Bergspredikan

Bergspredikan indelas i tre huvuddelar:

1. Inledning med Saligprisningarna och lärjungarnas kallelse att vara ljus och salt i världen (Matt. 5:1–16).
2. Huvuddelen med Jesu befallningar och instruktioner för lärjungaskap (5:17-7:12).
3. Avslutningen med varningar och betoning av lydnad av de befallningar Jesus gett (7:13-29).

Det är av många anledningar uppenbart att Jesus undervisning i Bergspredikan verkligen ska levas ut i alla kristnas liv, som lärjungar till Jesus. Några argument för detta är:

1. Jesus avslutar sin predikan med liknelsen om de två husbyggarna (7:24-27), genom vilken han poängterar att det är de som handlar i enlighet med hans ord som är visa och kommer att bestå inför honom på domens dag (7:21-23).
2. Matteus avslutar sitt evangelium med Jesu missionsbefallning,[20] i vilken Jesus befaller sina lärjungar att göra nya lärjungar genom undervisning och dop, varpå de sedan ska lära dem att hålla allt som han befallt. Befallningen att nya lärjungar till Jesus ska lära sig att lyda hans befallningar gäller så länge Jesus är med sin församling, alltså fram till "tidens slut."
3. Jesu lärjungar är kallade att inte mer leva för sig själva utan för Jesus som dött och uppstått för dem.[21] Hans får lyssnar till hans

---

[20] Matt. 28:18–20
[21] 2 Kor. 5:14-15

14

röst och följer honom i sina liv, vilket innebär att de inte skäms för hans ord, utan bevarar dem i sina hjärtan och lyder dem.[22]

Saligprisningarna

Jesus inleder som vi noterat Bergspredikan med de berömda Saligprisningarna. I denna predikan får vi sedan höra befallning efter befallning från Jesu mun, som många tycker är hårda och jobbiga att leva efter i verkligheten. För att rätt förstå hur Jesu många bud ska kunna efterföljas av Jesu lärjungar, är det nödvändigt att förstå hans Saligprisningar, liksom vilken karaktär det förbund har som han instiftat genom sitt eget blod.

Vad var det som hände precis innan Gud gav de tio budorden på berget Sinai? Det började dundra och blixtra runtomkring berget och ett tjockt moln lade sig över det. Gud själv steg ner på berget, men ingen i folket fick komma nära honom, för då skulle de dö! Israels folk klarade inte ens av att höra Guds röst.[23] Mose lag kallas i 2 Kor. 3:7,9 för "dödens ämbete", respektive "fördömelsens ämbete." Mose lag utlovade vrede och straff åt dem som inte höll **alla** bud i lagen.[24] I Joh. 1:17 står det att "lagen gavs genom Mose, men nåden och sanningen kom genom Jesus Kristus." Mose lag dömde syndare till döden, men Jesus kom inte för att döma syndare, utan för att rädda dem.[25]

Israels folk kunde inte komma nära Gud, eller stå ut med att höra hans röst vid Sinai, men i Jesus Kristus har Gud blivit människa för att lida döden för våra synder, rena oss genom sitt blod från alla våra synder och föra oss in i en nära relation med Gud Fadern. Gud har nu talat till oss genom

---

[22] Luk. 9:26; Joh. 8:31-32, 51; 15:10 m.fl.
[23] 2 Mos. 19:11-24; Hebr. 12:18-21
[24] 5 Mos. 27:26
[25] Joh. 3:17; 12:47

15

sin Son och genom honom hör vi Guds egen röst.[26] Det gamla förbundets lag var skrivet på tavlor av sten, men det nya förbundets lag skrivs in i människors hjärtan.[27] I det nya förbundet har Guds folk Anden, som påminner dem om allt vad Jesus har befallt och ger dem nåd att leva i lydnad gentemot hans bud.[28] Jesus har genom sin död och uppståndelse bundit Satan och brutit syndens och dödens makt över de som tror på honom. De som i tro följer Jesus får nåd av Gud att leva i seger över synden, för att istället leva i lydnad gentemot Jesu bud.[29]

Låt oss nu se närmare på hur saligprisningarna kan delas in i två delar. Jesus börjar i sin undervisning ofta att tala om människans relation med Gud, snarare än om hennes fysiska behov, till exempel i bönen "Fader vår." Det dubbla kärleksbudet börjar inte med befallningen att älska sin nästa som sig själv, utan med befallningen att älska Gud över allt annat.[30] Tio Guds bud börjar med fyra bud som handlar om vårt förhållande till Gud.[31] Senare i Bergspredikan uppmanar Jesus sina lärjungar att först söka Guds rike och hans rättfärdighet, före sökandet efter att tillfredsställa kroppens behov.[32] Med tanke på dessa exempel är det troligt att Jesus i sina fyra första saligprisningar talar om dem som har rätt inställning till Gud och hans rike,[33] medan de fyra sista saligprisningarna beskriver vad som kännetecknar dessa sanna lärjungars livsstil.[34]

---

[26] Matt. 17:5; Hebr. 1:2

[27] Jer. 31:31–34; Hes. 36:26–27; 2 Kor. 3:7–9; Hebr. 8:8–13

[28] Joh. 14:26; Rom. 8:4–13; Gal. 5:16

[29] Joh. 8:34-36; 1 Joh. 3:7–9; Rom. 8:1–4

[30] Matt. 22:36-40

[31] Här används den reformerta/anabaptistiska indelningen av de tio buden som räknar förbudet att göra sig en avbild eller bildstod som det andra budet och inte en del av det första.

[32] Matt. 6:25-34

[33] Matt. 5:3–6

[34] Matt. 5:7–10

Jesu sanna lärjungars sinnelag gentemot Gud

Matteus 5:3 – *Saliga är de som är fattiga i anden, för dem tillhör himmelriket.*

Uttrycket "fattig i anden" förekommer inte på något annat ställe i hela Bibeln. Hur bör vi då förstå det? Det är inte lagen, utan Guds nåd som fostrar den kristne att leva rättfärdigt.[35] Det är på grund av att Jesu förbund är ett nådens förbund som Bergspredikan inleds med Saligprisningarna. Jesus prisar inte dem saliga som tror sig vara goda och rättfärdiga i sig själva, utan de som är fattiga i anden. För att kunna komma in i Guds rike behöver man inse sitt hjälplösa tillstånd i slaveri under sina synder och själviska begär, och erkänna att man inte kan rädda sig själv genom att försöka göra goda gärningar för att kompensera sina synder. Man behöver bli som ett litet barn som förstår att det är helt beroende av sina föräldrars hjälp för att överleva. På samma sätt är vi helt beroende av Guds nåd och hjälp för att kunna vandra i Anden och inte göra vad vår onda natur har begär till.

Jesu lärjungar inser att de inte har någonting alls att komma med av egen fromhet inför Gud. Istället för att berömma sig av sin fromhet, som fariséerna gjorde, vänder de sig till Jesus och förlitar sig på hans nåd i alla lägen. Paulus är ett mycket bra exempel på en man som blev fattig i anden efter sin omvändelse. Som farisé hade han berömt sig av att han nitälskade för Gud och av att han troget lydde Mose lag. Han hade förlitat sig på sin egen rättfärdighet, men efter omvändelsen förkastade han helt allt som han tidigare hade berömt sig av och blev istället fattig i anden. Som kristen skröt han aldrig mer med den rättfärdighet som kommer genom lydnad av

---

[35] Tit. 2:12; 1 Joh. 5:3–4

17

Mose lag, utan förlitade sig på att han genom tron på Jesus Kristus var rättfärdig inför Gud.[36]

Ett annat sätt att förstå uttrycket fattig i anden är att det har att göra med att vara fri från begär efter pengar och rikedomar. I Jesu så kallade slättpredikan använder han dessa ord:

Saliga är ni som är fattiga, för Guds rike tillhör er.[37]

Detta kan inte innebära att alla som i bokstavlig bemärkelse är fattiga får en fribiljett till himlen, utan Jesu ord bör man förstå i ljuset av vad han i övrigt lärde om pengar. Jesus lärde att hans efterföljare ska vara fria från begär efter pengar och rikedomar. Vi ska inte ha vårt materiella överskott för oss själva, utan investera våra pengar i Guds rike, för att andra människors fysiska och andliga behov ska bli tillgodosedda.[38]

Matteus 5:4 - Saliga är de som sörjer, för de ska bli tröstade.

Bibeln lyfter på många ställen fram att en äkta omvändelse börjar med att man får djup sorg och bedrövelse över sina synder. I 2 Kor. 7:10 står det att den sorg som är efter Guds sinne för med sig en omvändelse som man inte ångrar och som leder till frälsning. Det finns många exempel i Skriften på personer som blev mycket bedrövade över att de hade syndat mot Gud. Dessa båda exempel beskriver vad som kännetecknar de som har en sorg i enlighet med Guds sinne över sina synder:

1. Nineves invånare, efter Jonas profetia om att staden skulle förstöras efter fyrtio dagar:

---

[36] Fil. 3:7–9
[37] Luk. 6:20.
[38] Luk. 12:15-21,33; 16:1–13.

18

Jona gick en dagsresa in i staden och predikade och sade: "Om fyrtio dagar ska Nineve förstöras." Och folket i Nineve trodde Gud. De utlyste en fasta och klädde sig i säcktyg, från den störste av dem till den minste. När budskapet nådde kungen i Nineve reste han sig från sin tron, tog av sin mantel och klädde sig i säcktyg och satte sig i aska. Sedan utropade och förkunnade man i Nineve enligt kungens och hans stormäns befallning: "Varken människor eller djur, kor eller får ska smaka något. De får inte beta eller dricka. Både människor och djur ska klä sig i säcktyg. Alla ska ropa till Gud med kraft och vända om från sin onda väg och de övergrepp han begår. Vem vet, då kanske Gud vänder om och ångrar sig och vänder sig från sin glödande vrede så att vi inte går under." När Gud såg vad de gjorde, att de vände om från sin onda väg, ångrade han det onda som han hade hotat att göra mot dem och gjorde det inte.[39]

2. David, efter sitt äktenskapsbrott med Batseba och mordet på hennes man:

Gud, var mig nådig efter din godhet, utplåna mina överträdelser efter din stora barmhärtighet. Tvätta mig ren från min skuld, rena mig från min synd, för jag känner mina överträdelser och min synd är alltid inför mig. Mot dig, just mot dig, har jag syndat och gjort det som är ont i dina ögon. Därför har du rätt när du talar, du är ren när du dömer.[40]

Vi ser alltså att en äkta ånger över sina synder medför att man i tro tar emot Guds ord om att man syndat svårt och har gjort sig förtjänt av hans

---

[39] Jona 3:4–10.
[40] Ps. 51:3–6.

vrede och straff. Man blir också djupt bedrövad över att ha syndat mot Gud, tar avstånd från alla sina synder och ber Gud om han ska ge en förlåtelse och rening från dem. Av Nya testamentet vet vi att det bara är Jesu blod som kan rena oss från alla synd.

Bibeln lyfter också fram att de som tillhör Gud är ledsna och bedrövade över de ogudaktiga människornas synder och kärlekslöshet gentemot varandra. Petrus förklarar att Lot hade plågats dag efter dag i sin rätt-färdiga själ av att se och höra allt ont som invånarna i Sodom och Gomorra begick.[41] Jesu lärjungar ser på synden med Guds ögon och sörjer över hur synden förstör människornas relationer med Gud och med varandra.

Matteus 5:5 – *Saliga är de ödmjuka, för de ska ärva jorden*

Det talas i Bibeln om vikten av ödmjukhet på oerhört många ställen. Ödmjukheten är en av de viktigaste förutsättningarna för att kunna ha det rätt ställt med Herren, eftersom det är skrivet att "Gud står emot de högmodiga, men de ödmjuka ger han nåd."[42] Några av de största gudsmännen i Skriften var stora föredömen i ödmjukhet. Om Mose står det att han var den mest ödmjuka mannen på hela jorden![43] Johannes Döparen var så ödmjuk inför Jesus att han inte ens ansåg sig värdig att knyta upp Jesu sandaler, [44] vilket var slavars uppgifter. Jesus Kristus är förstås vår allra främsta förebild i ödmjukhet. Han, som är Gud själv, kom inte ner till jorden för att vi skulle tjäna honom, utan för att betjäna oss. Han hade allt, men blev fattig för vår skull. Sin egen vilja böjde han helt under sin Faders vilja, ödmjukade sig och lydde sin Fader i allt, ända in i

---

[41] 2 Pet. 2:6–8
[42] Ords. 3:34; Luk. 14:11; Jak. 4:7; 1 Pet. 5:5
[43] 4 Mos. 12:3
[44] Luk. 3:16

döden på korset.[45] Jesus tvättade till och med sina lärjungars fötter, något som endast slavar gjorde på den tiden.[46]

I oss själva är vi människor många gånger inte ödmjuka, men om vi lever i en nära relation med Jesus så formas vi till att bli lika honom. Det är trösterikt att tänka på att även de stora apostlarna Petrus och Paulus behövde fostras av Herren på det här området. I 2 Kor. 12:7–9 står det att Gud sände en törntagg i Paulus kött, en Satans ängel, som slog honom för att han inte skulle bli högmodig på grund av de uppenbarelser av himlen som Gud hade gett honom. Paulus behövde antagligen också lära sig att han inte hade något att berömma sig av inför Herren, trots att han hade arbetat mer än de andra apostlarna för Guds rike.[47] Det var aldrig i sin egen kraft Paulus kunde arbeta för Guds rike, utan allt berodde på det mått av tro och nåd som han hade fått av Herren.[48] I Joh. 15:5 understryker Jesus att vi inte kan göra någonting utan honom!

Det grekiska ordet i denna saligprisning som översatts med ordet "ödmjuk," kan också betyda "saktmodig/mild." I 1917 års översättning står det: *Saliga äro de saktmodiga, ty de skola besitta jorden.* Jesus använder ordet om sig själv då han säger att han är mild och ödmjuk i hjärtat.[49] Saktmodighet är dessutom en av Andens frukter och har att göra med att vara mild, fridsam och behärskad. Det utgör alltså motsatsen till att vara vred och bestraffande, vilket följande bibelställe visar:

---

[45] Fil. 2:8; Hebr. 5:8
[46] Joh. 13:1–15
[47] 1 Kor. 15:10
[48] Rom. 12:3; 1 Kor. 15:10
[49] Matt. 11:29.

21

Vad vill ni? Ska jag komma till er med riset, eller med kärlek och en mild ande?[50]

Matteus 5:6 – *Saliga är de som hungrar och törstar efter rättfärdighet, för de ska bli mättade.*

Jesus prisar dem saliga som inte är mätta i andligt avseende, utan förstår att de är i behov av Guds nåd. Det är Jesus Kristus själv som är vår rättfärdighet.[51] Profeten Jeremia förutsåg redan 600 år före Kristus att Jesus skulle komma och ge Guds folk sin egen rättfärdighet. Därför kallar han honom *"Herren vår Rättfärdighet."*[52] De som har blivit väckta andligen och överbevisade om sitt behov av att få Guds förlåtelse för alla sina synder, får en hunger och törst efter att bli renade från sina synder och bli iklädda Kristi rättfärdighet. Till dem säger Jesus dessa fantastiska ord: *"Jag är livets bröd. Den som kommer till mig skall aldrig hungra, och den som tror på mig skall aldrig någonsin törsta."*[53]

Det finns en annan viktig aspekt av vad det innebär att hungra och törsta efter rättfärdighet. De som fått sin hunger och törst efter Guds barmhärtighet och frälsning tillfredsställd, efter att ha kommit till tro och omvänt sig, vill inte mer leva för sig själva, utan för honom som har dött och uppstått för dem.[54] De söker inte mer sin främsta glädje och tillfredställelse i materiella saker eller människors beröm och bekräftelse. Istället söker de Guds rike först och deras tillfredställelse finner de när de följer Guds ord och gör Guds vilja. De vill verkligen leva rättfärdiga liv i verkligheten. Därför matar de sig regelbundet med Guds ord, och dricker

---

[50] 1 Kor. 4:21.
[51] 1 Kor. 1:30
[52] Jer. 23:6.
[53] Joh. 6:35
[54] 2 Kor. 5:14-15

ständigt av den helige Ande, så att de får nåd att leva som trogna Jesu lärjungar. Denna andliga hunger och törst efter Guds Ord och Ande behöver få växa till mer och mer i oss!

Jesu sanna lärjungars inställning i mötet med andra människor

Matteus 5:7 – *Saliga är de barmhärtiga, för de ska få barmhärtighet.*

De som har rätt sinnelag gentemot Gud och inser att de ingenting är i sig själva, är de som också kan ha medlidande med andra människors brister och vara barmhärtiga gentemot dem. Fariséerna var inte ödmjuka, utan berömde sig av sin yttre fromhet, och hade hårda hjärtan. Därför visade de ingen barmhärtighet gentemot exempelvis äktenskapsbrytare, utan ansåg att de borde stenas i enlighet med Mose lag.[55] I kontrast till fariséernas obarmhärtighet möter vi Josefs barmhärtighet i Matteus kapitel 1. Då han trodde att Maria hade varit otrogen mot honom, ville han inte ställa henne inför rätta eller skämma ut henne offentligt, utan tänkte skilja sig från henne i hemlighet.[56]

En oerhört central aspekt av barmhärtighet är förlåtelse. Denna saligprisning är lik Jesu tillkännagivande i Matt. 6:14-15. Där förklarar han att de som förlåter andra människor, som har behandlat dem illa, också får förlåtelse av Gud för sina synder. För att lättare kunna förlåta andra behöver vi komma till insikt om hur oerhört stor den skuld är som vi har haft inför Gud.[57] Den som inte förstår hur mycket han genom Jesu offer fått förlåtet, älskar lite.[58] Om vi inte vill förlåta vår medmänniskas

---

[55] Joh. 8:3–5
[56] Matt. 1:18-19
[57] Jesu illustrerar detta i liknelsen om den obarmhärtige tjänaren, Matt. 18:23-35
[58] Luk. 7:47

23

synd mot oss, kommer vi inte heller mer att få förlåtelse av Gud för våra synder!

En annan viktig aspekt av barmhärtighet är att man hjälper dem som lider nöd, om man förmår att hjälpa dem. Jesus illustrerar detta i liknelsen om den barmhärtige samariern.[59] Trots att samarierna och judarna var varandras fiender, förbarmade sig samariern över juden, som misshandlats svårt av rövare, och tog hand om honom på bästa sätt. Att utöva barmhärtiga gärningar mot andra människor, även mot ens fiender, är att vara som Fadern, som låter sin sol gå upp över såväl goda som onda.[60] Den som är barmhärtig gör inget ont mot sina fiender, utan gör gott mot dem, välsignar dem och ber för dem.[61]

Matteus 5:8 – *Saliga är de renhjärtade, för de ska se Gud.*

Till skillnad från uttrycket "fattig i anden," finns det flera ställen i Skriften som innehåller uppmaningar om att ha rena hjärtan. Det bästa sättet att förstå en viss vers är att gå till andra bibelställen, som har samma nyckelord som den vers man vill förstå. Ps. 24:3–4 beskriver att det är de som har oskyldiga händer och rent hjärta, som inte vänder sin själ till lögn eller svär falskt, som får lov att gå upp på Herrens berg och träda in i hans helgedom. I Tim. 1:5 anger att all förmaning måste komma från ett rent hjärta, ett gott samvete och en uppriktig tro. Syftet med förmaningen måste alltså alltid vara att i kärlek föra den andre till omvändelse. Inga själviska motiv får finnas med. I 2 Tim. 2:22 förmanar Paulus Timoteus att fly ungdomens onda begär och sträva efter rättfärdighet, tro, kärlek och frid tillsammans med de som åkallar Herren av rent hjärta. Att ha ett rent hjärta hör alltså ihop med att hålla sig borta från allt som kan förleda en

---

[59] Luk. 10:30-35
[60] Matt. 5:44-48; Luk. 6:35-36
[61] Luk. 6:27-28

24

till synd för att istället söka saker som leder till att man blir mer lik Herren. Hebr. 12:14 anger dessutom att förutsättningen för att man ska få se Herren är att man strävar efter helgelse.

Jak. 4:8 uppenbarar en annan viktig aspekt av vad det innebär att ha ett rent hjärta. Den som är ren i hjärtat är inte tvehågsen, det vill säga inte vacklande i sin lojalitet gentemot Gud. I kontexten har Jakob talat om att vänskap med världen är fiendskap mot Gud. Han förmanar mottagarna av brevet att närma sig Gud och göra sina händer och hjärtan rena inför honom. Ingenting i den här världen får ta den plats som endast Gud ska ha i våra hjärtan. Att ha ett rent hjärta har alltså att göra med att ha en odelad lojalitet till Gud, och i sitt sinne vara fast besluten att leva i enlighet med hans vilja.

Hur är det då som vi kan få rena hjärtan? Jesus lovar att de som har rena hjärtan ska få se Gud! Kommer du att tänka på ett annat ställe i vilket Jesus talar om vad som är helt väsentligt för att kunna se Guds rike? Rätt svar, man måste bli född på nytt, Joh. 3:3. Jesus säger ett par verser senare att den som inte blir född av vatten och Ande inte kan komma in i Guds rike. Frågan om hur man får ett rent hjärta hör alltså samman med den kanske allra viktigaste frågan vi kan ställa oss själva. Hur blir jag född på nytt? Detta ämne behandlas mer ingående i kapitlet om den breda respektive den smala vägen (Matt. 7:13-14). Vi nöjer oss i detta sammanhang med att nämna ett par viktiga ställen som belyser ämnet:

1. Apg. 15:7–9: Gud renar människors hjärtan då de i tro tar emot evangeliet.
2. Hebr. 10:19-22: Både tron och dopet har betydelse för reningen av hjärtat från ett ont samvete.

Matteus 5:9 – *Saliga är de som skapar frid, för de ska kallas Guds barn.*

25

Löftet som Jesus ger åt dem som skapar frid är att de skall kallas Guds söner. Det grekiska ordet som översatts "frid", betyder också "fred." Hur är det då som Jesu lärjungar ska vara skapare av fred? Om vi analyserar den nära kontexten senare i kapitel fem, upptäcker vi att Jesus befaller sina lärjungar att älska sina fiender, välsigna dem som förbannar dem, göra gott mot dem som hatar dem, och be för dem som hånar och förföljer dem.[62] Jesu lärjungar är alltså kallade att bemöta alla människor, till och med de som är deras fiender, med ovillkorlig kärlek och barmhärtighet! I mitten av kapitlet befaller Jesus sina lärjungar att de också är kallade att söka upp personer som har någonting emot dem och försöka lösa det som orsakat konflikten.[63]

Jesus själv är ett utmärkt exempel på hur dessa bud ska efterföljas i verkligheten. Medan vi var Guds fiender försonade han oss med Gud.[64] I Ef. 2:14-16 förklarar Paulus att Jesus skapat frid/fred mellan människor och Gud, och mellan alla människor, såväl judar som hedningar, genom att på korset ta bort deras överträdelser av Guds lag. I kraft av att Jesus har utgjutit sitt blod har fred/frid skapats i såväl himlen som på jorden.[65] I kraft av Jesu försoningsverk kan de som tror på Jesus, och vill följa honom, få Guds kärlek i sig, och i kraft av den leva ett liv i radikal kärlek till alla människor. Ett exempel på en man i Nya testamentet som verkligen levde i lydnad av Jesu bud är Stefanos, kyrkans första martyr som stenades för sin tro på att Jesus är Messias. Han bad att Gud inte skulle ställa dem till svars som stenade honom![66]

---

[62] Matt. 5:44, Svenska reformationsbibeln, 2016.
[63] Matt. 5:23-24
[64] Rom. 5:8
[65] Kol. 1:20
[66] Apg. 7:59-60

26

Om vi går till andra delar av Nya testamentet för att förstå Jesu saligprisning av dem som skapar fred, finner vi att Jak. 3:18 också innehåller orden *"dem som skapar frid."* Av versen före framkommer det att det är den vishet som kommer ovanifrån som tar sig uttryck i renhet, fridsamhet, mildhet, foglighet, barmhärtighet och andra goda frukter. Allt detta är saker som inte finns i oss själva, utan Gud vill ge oss detta ovanifrån.[67] Denna nåd att skapa frid/fred ges emellertid endast åt dem som verkligen älskar Gud och som vill följa hans ord i sina liv. Det är i dem som är vill lämna all synd och olydnad av Guds ord bakom sig, för att istället lära sig att lyda allt som Jesus har befallt, som Gud tar sin boning i och ger nåd att leva ett liv i hans kärlek.[68] Grunden för att kunna vara en skapare av frid/fred är att man omvänder sig från all själviskhet och avundsjuka och sätter andra högre än en själv. Man kämpar inte till varje pris för att få sin egen vilja igenom, utan lider, exempelvis, hellre själv (en ekonomisk) förlust än ställer någon inför rätta.[69]

Matteus 5:10-12 – Saliga är de som blir förföljda för rättfärdighetens skull, för dem tillhör himmelriket. Saliga är ni när människor hånar och förföljer er och ljuger och säger allt möjligt ont om er för min skull. Gläd er och jubla, för er lön är stor i himlen. På samma sätt förföljde man profeterna före er.

Jesus inramar sina saligprisningar genom att i den åttonde och avslutande saligprisningen ge samma löfte som i den första, nämligen att himmelriket tillhör dem. I verserna 11 och 12 går Jesus över från att tala i tredje person till att tala i andra person.[70] Det tyder på att man inte bör förstå dessa

---

[67] Jak. 1:17
[68] Joh. 14:21-23; Jak. 4:4–10
[69] 1 Kor. 6:7
[70] Han säger alltså "ni" istället för "de."

verser som en nionde saligprisning, utan som en vidare utläggning av den åttonde. Jesus blir alltså ännu mer personlig i sin avslutning av salig-prisningarna. Genom att knyta samman den sista saligprisningen med den första, förtydligar Jesus att alla saligprisningarna hänger ihop med varandra. De är med andra ord riktade till samma grupp av människor. I denna sista saligprisning gör Jesus det klart att de som verkligen följer honom kommer att få lida förföljelse för sin tro.

Det går som en röd tråd genom Bibeln att Guds sanna efterföljare får utstå förföljelse från dem som tror att de känna Gud, men som i själva verket inte gör det.[71] Jesus uppmanar sina lärjungar att glädja sig och jubla då de får utstå hån och förföljelse för hans skull, eftersom det är ett tecken på att de har den sanna tron, den för vars skull också de gammaltestamentliga profeterna förföljdes för. De falska profeterna, däremot, led ingen för-följelse, utan alla människor talade väl om dem.[72]

Vi vet att det var det dåtida religiösa ledarskapet bland judarna i Israel som förföljde och såg till att döda Jesus. De var inga som förnekade Gud, utan de trodde att de verkligen gjorde Gud en tjänst då de röjde "den falske" profeten Jesus ur vägen. Kvällen före sitt lidande och sin död, förklarade Jesus för sina lärjungar att de kommer att bli förföljda på samma sätt som han blivit förföljd.[73] Varför lider då Jesu lärjungar förföljelse? Jo, därför att deras gärningar är rättfärdiga, medan deras förföljares gärningar är onda.[74] Detta beror på att de som kallar sig kristna,

---

71 Matt. 23:34-35; Hebr. 11:36-37
72 Luk. 6:26
73 Joh. 15:20
74 1 Joh. 3:12

28

men förföljer Jesu sanna lärjungar, i själva verket inte alls känner vare sig Fadern eller Sonen.[75]

Av 2 Tim. 3:12 blir det ännu tydligare att det är de som verkligen vill leva gudfruktigt i Kristus Jesus som också får lida förföljelse på grund av det. I Upp. 12:17 uppges att draken[76] strider mot Guds barn, mot de som håller Guds bud och har Jesu Kristi vittnesbörd. De som älskar Jesus håller hans ord, medan de som inte håller hans ord faktiskt hatar honom.[77]

Utifrån studier av kyrkohistorien kan man förstå att en mycket hög andel av alla sant kristna som lidit martyrdöden för sin tro, inte dödades av ateister eller anhängare av andra religioner, utan av andra bekännande kristna! Under den mörka medeltiden mördades tusentals och åter tusentals kristna av den Romersk-katolska kyrkan. Under 1500- och början av 1600-talen dödades omkring 5000–10000 anabaptister av såväl romerska katoliker som av protestanter. Detta berodde främst på att anabaptisterna förkastade barndopsläran och statskyrkosystemet och bildade fria församlingar. De levde helgade liv i Jesu fotspår, vilket sannolikt utgjorde taggar i köttet på de falska kristna som förföljde dem. Dessa falska kristna behövde försvara sina handlingar med att anabaptisterna i själva verket var skenheliga efterföljare av djävulen.[78]

---

[75] Joh. 16:2–3
[76] Det vill säga djävulen.
[77] Joh. 14:23-24
[78] Zwingli, den främste reformatorn i Schweiz i början av 1500-talet, skriver särskilt utförliga påståenden om anabaptisternas hyckleri och omoraliska liv i sin skrift "Elenchus", som behandlas på sidorna 150–173 i Karl Kilsmos första del av trilogin "Den tredje reformationen – Den nutida frikyrkans uppkomst".

Matt. 5:13-16 – Jordens salt och världens ljus

Ni är jordens salt. Men om saltet förlorar sin sälta, hur ska man då få det salt igen? Det duger inte till annat än att kastas ut och trampas ner av människorna. Ni är världens ljus. En stad som ligger på ett berg kan inte döljas. Och man tänder inte ett ljus och sätter det under skäppan, utan man sätter det på hållaren så att det lyser för alla i huset. På samma sätt ska ert ljus lysa för människorna, så att de ser era goda gärningar och prisar er Far i himlen.

Hur ska vi förstå Jesu bild att hans lärjungar är jordens salt och världens ljus? Det finns två andra ställen i evangelierna i vilka Jesus talar om salt, i samband med att han beskriver hur hans lärjungar är kallade att leva:

1. Markus 9:42-50 – I detta stycke varnar Jesus för det allvarliga i att låta synden få kontroll över en. All synd är så allvarlig att vi behöver bryta med allt som kan förleda oss till att synda. Om det verkligen skulle behövas är det bättre att bli av med en kroppsdel som gång på gång får oss att synda, än att lida evigt straff i eld. I slutet ställer Jesus frågan hur lärjungarna ska få saltet att bli salt igen, om det förlorar sin sälta? Av kontexten förstår vi att lärjungarna är salta då de strävar efter helgelse och avhåller sig från allt som kan förleda dem till synd. Det är synden som förstör vår relation med Gud och med andra människor. Därför manar Jesus sina lärjungar att också hålla fred med varandra.

2. Lukas 14:34 – är i sin formulering ännu mer lik Matt. 5:13. I kontexten har Jesus talat om att den som vill vara hans lärjunge måste avstå från allt han äger. Ingenting, vare sig egendomar, yrkeskarriär eller familj får komma i vägen för den plats som endast Gud ska ha i vårt hjärta. Därför behöver vi avstå från all strävan efter pengar och egendomar som vi inte behöver, och från

all människofruktan och strävan efter ära och anseende i människors ögon. Att vara salt innebär alltså också att ha ett hjärta som älskar Jesus över allt annat och att vara beredd att lyda honom i allt, även om det till och med leder till att familjemedlemmar tar avstånd från en.

Om bilden av salt har att göra med att bevara församlingen ren från synd och falsk lära, så att inte världen får inflytande i den, har bilden av ljus en mer utåtriktad infallsvinkel. Jesus betonar att hans lärjungar inte ska dölja sitt ljus, utan att det ska få lysa så att världen ser det. Det är intressant att Jesus kallar sina lärjungar "världens ljus", särskilt med tanke på att Jesus säger det om sig själv på ett annat ställe.[79] Så länge Jesus vandrade här på jorden var det i första hand han själv som var världens ljus. Därför sa han också: "Så länge jag är i världen är jag världens ljus."[80] I Jesus var Guds härlighet uppenbarad. Därför står det, ordagrant översatt, att ordet blev kött och "tältade/slog upp sitt tabernakel" ibland oss.[81] Därigenom anspelas på tabernaklet i Gamla testamentet (innan templet i Jerusalem byggdes), i vilket Gud var särskilt närvarande bland sitt folk. I det Nya förbundets tid är det i personen Jesus Kristus som Gud är ibland sitt folk.

Hur förunderligt är det då inte att Jesus säger om sina lärjungar: "Ni är världens ljus." Vad menar han egentligen? Av andra ställen i NT framgår det att Jesus mycket starkt identifierar sig med sin församling. Vi möter bland annat bilden av församlingen som Kristi kropp.[82] Kristus är huvudet och församlingens kallelse som hans kropp är att, under hans ledning, leva ut de gärningar han befaller dem att göra. Varje medlem i kroppen har

---

[79] Joh. 8:12.
[80] Joh. 9:5.
[81] Joh. 1:14
[82] 1 Kor. 12; Ef. 1:21f; 5:23 m.fl.

kallelsen att sträva efter att leva så som Jesus levde.[83] Församlingen behöver vara lik Jesus för att kunna ge ett trovärdigt vittnesbörd om honom. Det främsta kännetecknet på en levande församling är att dess medlemmar är fyllda av kärlek till varandra och gör goda gärningar för varandra. Jesus har sagt till lärjungarna: "Om ni har kärlek till varandra, ska alla genom det förstå att ni är mina lärjungar."[84]

Den äkta kärleken bevisas inte av att man säger sig älska någon, utan genom konkreta handlingar vi gör för att möta varandras behov.[85] Samtidigt är det mycket viktigt att goda gärningar inte utförs i syfte att vinna egen prestige eller anseende i andra människors ögon.[86] Den äkta kärleken finns inte i oss själva, utan den kommer från Gud.[87] Hur kan vi då få denna kärlek i oss? Jo, först och främst måste man bli född på nytt och bli en ny skapelse i Kristus.[88] Paulus skriver till galaterna att vad som verkligen betyder något, och som bevisar att man har fått det rätt ställt med Gud, är att man har en tro som är verksam i kärlek.[89]

Den äkta kärleken får man av att leva i en nära relation med Herren. Denna nära relation upprätthålls då vi har vår glädje i Herrens undervisning och begrundar hans ord både dag och natt.[90] Då vi tar emot Guds ord på djupet av våra hjärtan bär det rik frukt i våra liv. Om vi umgås mycket med Jesus och bevarar hans ord i våra hjärtan, blir vi lika honom. I slutet av Matteus evangelium[91] får vi konkreta exempel på vilka goda gärningar Jesu

---

[83] 1 Joh. 2:6.
[84] Joh. 13:35.
[85] Rom. 12:10-16; Hebr. 13:1–3; Jak. 2:14-17; 1 Joh. 3:14-18 m.fl.
[86] Matt. 6:1ff
[87] 1 Joh. 4:7–10
[88] Joh. 3:3–8; 2 Kor. 5:17
[89] Gal. 5:6
[90] Ps. 1:2
[91] Matt. 25:35f

32

lärjungar har gjort som bidragit till att människor fått se Jesu ljus genom dem:

1. De har gett hungriga människor mat
2. De har gett törstiga människor dryck
3. De har tagit hand om främlingar
4. De har klätt de nakna
5. De har besökt sjuka
6. De har kommit till dem i fängelse

Sådana gärningar är alla Jesu lärjungar kallade att göra, både för varandra och för människor som ännu inte följer Jesus.[92] Utan att bemöta människor med uppriktig kärlek och goda gärningar, kan vi inte vinna människor för Guds rike.[93]

---

[92] Gal. 6:9f
[93] Joh. 13:35; 1 Pet. 2:12 m fl.

Matt. 5:17-20 – Lagen och profeterna

Tro inte att jag har kommit för att upphäva lagen eller profeterna. Jag har inte kommit för att upphäva utan för att uppfylla. Jag säger er sanningen: Innan himmel och jord förgår ska inte en bokstav, inte en prick i lagen förgå, inte förrän allt har skett. Därför ska den som upphäver ett av de minsta av dessa bud och lär människorna så kallas minst i himmelriket. Men den som håller dem och lär ut dem, han ska kallas stor i himmelriket. För jag säger er: Om inte er rättfärdighet går långt över de skriftlärdas och fariseernas, kommer ni aldrig in i himmelriket.

Jesus kom inte för att upphäva lagen eller profeterna, det vill säga Gamla testamentets skrifter, utan för att uppfylla dem. Detta är ett stort tema i hela Matteus evangelium. Genom sitt liv uppfyllde Jesus Gamla testamentets profetior om Messias, till exempel:

1. Matt. 1:22-23 - Jesus föddes av en jungfru, vilket uppfyllde Jes. 7:14.

2. Matt. 2:15 – Jesus vistades som småbarn i Egypten på flykt undan Herodes, för att sedan komma tillbaka till Israel därifrån, efter att Herodes hade dött. Detta uppfyller Hos. 11:1. Profetian i Hosea syftar utifrån sin kontext i första hand på nationen Israel, som kallas Guds son och av Moses leddes ut ur slaveriet i Egypten. Genom att applicera detta på Jesus, gör Matteus det klart att Jesus är upphovet till ett nytt Israel, som har räddats ur syndens, dödens och djävulens rike (det andliga Egypten).

3. Matt. 4:13-17 – Jesus bosätter sig i Kapernaum vid Galileiska sjön, i Sebulons och Naftalis stammars gamla områden, och börjar predika evangeliet om Guds rike. Därigenom uppfyller han profetian i Jes. 9:1ff om att det land som sitter i mörker och

dödsskugga ska få se ett stort ljus. Jesus kom och upprättade Guds rike genom att "predika glädjens budskap för de fattiga, ropa ut frihet för de fångna och syn för de blinda, ge de betryckta frihet och predika ett nådens år från Herren."[94] Från och med Jesus predikas Guds rike, vilket är ett genomgående tema i Bergspredikan. Alldeles i dess inledning har vi sett att Jesus prisar dem saliga som är fattiga i anden, eftersom Guds rike tillhör dem. I bönen Fader vår är en av de första bönerna: "Låt ditt rike komma."[95] Istället för att bekymra sig för sin försörjning, uppmanar Jesus sina lärjungar att först söka Guds rike och hans rättfärdighet.[96]

Vad är då förhållandet mellan Jesu undervisning om himmelriket och hans utläggning av lagen och profeterna? I Lukas 16:16 säger Jesus att lagen och profeterna hade sin tid fram till Johannes Döparen, men att Guds rike förkunnas efter honom. I parallellstället i Matt. 11:11-13 förklarar Jesus att den som är minst i himmelriket är större än Johannes Döparen, som var den siste gammaltestamentlige profeten. Med Jesus har himmelriket kommit till jorden och han förklarade dess hemligheter för sina lär-jungar.[97] De som har lärt sig dessa hemligheter har blivit som skriftlärda som ur sitt förråd kan ta fram såväl nytt som gammalt.[98] Detta innebär att Jesu lärjungar håller fast vid Jesu undervisning om Guds rike, samtidigt som de också fortsätter att hämta lärdomar ur Gamla testamentets skrifter, för att få uthållighet och tröst av berättelserna om vilka stora ting som Gud

---

[94] Jes. 61:1f; Lukas 4:18f
[95] Matt. 6:10
[96] Matt. 6:33
[97] Matt. 12:28; 13:11
[98] Matt. 13:52

gjort för sitt folk i historien, inspireras av dess berättelser om troshjältar och stärkas i tron genom alla dess profetior som Jesus har uppfyllt.[99]

När Jesus uppenbarade sig för sina lärjungar i sin fulla härlighet på Förklaringsberget, så att hans ansikte lyste som solen och hans kläder blev vita som ljuset, var Mose och Elia också med. De kan ses som representanter för Lagen och Profeterna. Då Gud genom Mose instiftade det gamla förbundet, strålade Mose ansikte av Guds härlighet.[100] Jesus strålar dock än mer och hans förbund är evigt, medan det gamla förbundet har blivit föråldrat genom hans död och uppståndelse.[101] Lukas nämner att det som Mose och Elia samtalade med Jesus om på berget var hans bortgång.[102] Genom sin död och uppståndelse instiftar Jesus det nya förbundet. Därför befaller Fadern i denna tid att vi i första hand ska lyssna till hans Son.[103] Tack vare att Jesus har dött för våra överträdelser av det gamla förbundets bud, är vi inte mer skyldiga att hålla dess bud, utan vi tillhör istället honom och är kallade att hålla hans bud, vilket utgör Guds lag i det nya förbundet.[104]

I kraft av Jesu seger på Golgata över synden, döden och djävulen kan Gud ge sina pånyttfödda barn ett nytt hjärta, med vilket de underordnar sig Gud och lyder det Nya förbundets bud.[105] Många av buden i Mose lag hade inte getts för att de skulle gälla för evigt i bokstavlig bemärkelse, utan de hade getts Israels folk på grund av att deras hårda hjärtan inte kunde leva i enlighet med Guds perfekta vilja. Ett exempel på detta ger Jesus i Matt.

---

[99] Rom. 15:4; 2 Pet. 1:19-21
[100] 2 Mos. 34:27–29
[101] Jer. 32:40; Hebr. 8:8–13
[102] Lukas 9:31
[103] Matt. 17:5; Hebr. 1:2
[104] Rom. 7:1–6; 8:3f; 1 Kor. 9:21
[105] Jer. 31:31–34; Hes. 36:26–27; 1 Joh. 5:3–4

19:8, där han förklarar för fariséerna att det var på grund av deras hårda hjärtan som Gud i Mose lag hade gett tillåtelse för män att skilja sig från sina hustrur. Jesus kom dock för att upprätta Guds rike, med ett folk som lever i enlighet med Guds ursprungliga vilja då han skapade människan. Genom pånyttfödelsen träder man in i detta rike, tar emot den helige Ande och kan i kraft av honom leva ett liv enlighet med Guds bud. Skilsmässa och omgifte är ett av buden som Jesus återställer i enlighet med Guds ursprungliga vilja i Bergspredikan.[106] Detta indikerar i sin tur att också de andra buden i Bergspredikan utgör Jesu återställelse av Guds ursprungliga vilja, däribland förbudet att stå emot det onda med våld och budet att älska sina fiender.[107]

Jesus upphäver inte Mose lag, utan uppfyller den genom sitt liv, sin död och uppståndelse. Jesus är lagens slut,[108] till rättfärdighet för var och en som tror.[109] Lagen kan omöjligen göra oss rättfärdiga, eftersom vår syndiga natur inte förmår hålla alla dess bud.[110] Vi behöver istället få Kristi rättfärdighet, som Gud ger åt dem som tror, utan att de har förtjänat den.[111] Lagen och profeterna vittnar om behovet av denna rättfärdighet, som vi omöjligen får del av genom att försöka hålla buden i Mose lag. Istället är det genom tron på Jesus Kristus och hans utgjutna blod som vi renas från alla våra synder och får nåd att genom Anden leva i enlighet med summan av lagen, alltså att älska Gud över allt och göra goda gärningar i kärlek gentemot våra medmänniskor.[112] De som genom tron

---

[106] Matt. 5:31-32
[107] Matt. 5:38-48
[108] Grundtextens ord kan också betyda "upphörande, " "avslutning" och "syfte/mål"
[109] Rom. 10:4
[110] Rom. 8:3, 7
[111] Rom. 3:21-26
[112] 1 Joh. 1:7; 1 Kor. 7:19; Gal. 5:6

och dopet tillhör Jesus står inte längre under lagen utan under nåden.[113] Genom Guds nåd har de dött bort från lagen, som väckte liv i synden och ledde till den andliga döden.[114] I kraft av samma nåd kan de tjäna Gud och göra hans vilja, så länge de låter Anden driva sig och inte ger efter för de syndiga begär som fortfarande finns i dem.[115]

Guds ord är ett evigt ord och det skall aldrig förgås.[116] Vad menar Jesus då han i Matt. 5:18 säger att inte den minsta bokstav eller prick av lagen ska förgås, förrän allt har skett? Innebär det att vi trots allt ska hålla alla bud i Mose lag bokstavligen? Vi kan i evangelierna se att Jesus bejakade hela lagen, även dess ceremoniella renhetslagar och tiondegivande.[117] Samtidigt underströk han gång på gång att lagens och profeternas viktigaste bud är det dubbla kärleksbudet.[118] Om vi studerar resten av Nya testamentet närmare inser vi snabbt att Guds folk efter Jesu död och uppståndelse inte behöver hålla buden gällande offer, ceremoniella reningar, mat, sabbater eller Israels rättsskick.[119] De flesta kristna förstår att vi inte behöver hålla dessa bud, men många tror att de moraliska buden är desamma i båda förbunden. Därför används gammaltestamentliga bud och personer för att försvara kristnas deltagande i krig, svärande av eder, skilsmässa och omgifte, samlande av pengar och ägodelar med mera. Som vi kommer se hänvisar Jesus på flera ställen i Bergspredikan till moraliska bud i Mose lag, men ersätter dessa med bud med ännu högre moralisk standard. Dessa bud är Jesu lärjungar kallade att verkligen lyda, i kraft av Anden de mottagit. Därför avslutar Jesus detta stycke om lagen och

---

[113] Rom. 6:14
[114] Rom. 7:4–6
[115] Gal. 5:16-18
[116] Matt. 24:35
[117] Matt. 8:4; 23:23
[118] Se exempelvis Matt. 22:40 och Lukas 10:2
[119] Se exempelvis Gal. 4:4 och Ef. 2:11-16

profeterna med att förklara för sina lärjungar att de inte kommer att komma in i himmelriket,[120] såvida deras rättfärdighet inte övergår de skriftlärdas och fariséernas.

En annan anledning till att Jesu ord om att inte minsta bokstav i lagen ska förgå "förrän himmel och jord förgås" inte innebär att kristna ska lyda Mose lag ända tills Gud gör slut på den nuvarande världen i samband med den yttersta domen, är att detta uttryck förmodligen inte bör förstås helt bokstavligt. I samband med Jesu död på korset skakade nämligen jorden, klippor rämnade och gravar öppnades.[121] Jesu försoningsdöd utgör Skriftens kärna och höjdpunkt. Där och då vann Gud den avgörande segern över ondskan och säkerställde domen över den här världen och dess furste, djävulen.[122]

I kraft av Jesu död och uppståndelse kan människor bli födda på nytt genom Guds ord och Ande. Jesus återställer skapelsen. Vi blir nya skapelser i Kristus och genom Guds nåd kan vi leva i enlighet med Guds ursprungliga vilja då han skapade människan. Därför kan vi i det nya förbundet leva efter en ännu högre moralisk standard än fariséerna, som stod under lagen. Den som försummar ett enda av Jesu bud i Bergspredikan och lär människorna så, ska därför kallas den minste i himmelriket.

---

[120] Det vill säga Himmelriket i dess fulla härlighet som Gud upprättar efter den yttersta domen, Matt. 25:34; Lukas 12:32, Apg. 14:22 m.fl.

[121] Matt. 27:51f

[122] Joh. 12:31-33; 1 Joh. 5:19

Matt. 5:21-26 – Om mord

Ni har hört att det är sagt till fäderna: Du ska inte mörda, och Den som mördar är skyldig inför domstolen. Jag säger er: Den som blir vred på sin broder är skyldig inför domstolen, och den som säger 'idiot' till sin broder är skyldig inför Rådet, och den som säger 'dåre' är skyldig och döms till det brinnande Gehenna. Därför, om du bär fram din gåva till altaret och där kommer ihåg att din broder har något emot dig, så lämna din gåva framför altaret och gå först och försona dig med din broder. Kom sedan och bär fram din gåva. Skynda dig att göra upp med din motpart medan du är med honom på vägen. Annars kan han överlämna dig till domaren, och domaren till vakten och du sätts i fängelse. Jag säger dig sanningen: Du kommer inte ut därifrån förrän du har betalat till sista öret.

Jesus inleder detta bud, det första av sina bud i Bergspredikan, med att citera budet i Mose lag att inte mörda.[123] Senare delen av v. 21, om att den som mördar är skyldig inför domstolen, utgör inte ett direkt citat, men anspelar på bland annat 3 Mos. 24:17, där det står att den som slår ihjäl en människa ska straffas med döden. Redan i samband med att Gud slöt förbund med Noa efter floden, deklarerar han att den som utgjuter människoblod själv ska få sitt blod utgjutet av människor.[124] I gamla förbundet dömdes alltså mördare till döden. Mose lag dömde människor, som avsiktligt dödade andra människor, till döden.

Jesus tar emellertid inte bara fasta på den rent yttre handlingen, det vill säga om man rent fysiskt har ihjäl en annan människa, utan han går på djupet med människans hjärtas motiv. Om man så bara känner hat mot sin

---

[123] 2 Mos. 20:13; 5 Mos. 5:17
[124] 1 Mos. 9:6

broder och kallar honom "idiot" eller "dåre", så räcker det för att Gud ska räkna en som en mördare. Vi har redan sett att Jesus har förklarat att om lärjungarnas rättfärdighet inte övergår de skriftlärdas och fariséernas, så ska de inte komma in i himmelriket. Av andra ställen i Matteus framgår det att fariséerna lade stor vikt vid yttre påbud och föreskrifter, till exempel renhetslagar och dietlagar. Samtidigt var emellertid inte deras hjärtans motiv och avsikter rena. Precis som fallet är med andra människor, som inte är födda på nytt, utgick från deras hjärtan och tankar mord, äktenskapsbrott, otukt, stöld, falskt vittnesbörd med mera.[125] De, däremot, som blivit Guds barn och låter sig ledas av Anden, får renade hjärtan och drivs inte av onda tankar och motiv.

I senare delen av stycket, verserna 23–26, lyfter Jesus fram att ens offer inte är värt någonting inför Gud, om man har gjort sin broder illa utan att ha försonat sig med honom. Fariséerna var mycket upptagna med den yttre fromheten och med att ge stöd åt templet i Jerusalem. Detta gick så långt att de satte högre värde på att ge gåvor till templet än att hedra sina fattiga och nödställda föräldrar genom ekonomiska bidrag åt dem. Jesus sade att Jesaja hade profeterat om fariséerna då han uttalade orden: "Detta folk närmar sig mig med sin mun och ärar mig med läpparna, men deras hjärtan är långt ifrån mig. Förgäves dyrkar de mig eftersom de läror de förkunnar är människors bud."[126]

Så länge man lever med hat och bitterhet i sitt hjärta gentemot sin nästa, är man en mördare. Det står klart och tydligt att den som hatar sin broder är en mördare och att ingen mördare har evigt liv.[127] Jesu undervisning om hat och vrede och uttalanden av skällsord är alltså något som vi måste

---

[125] Matt. 15:19, jämför 1 Mos. 6:5
[126] Matt. 15:8–9.
[127] 1 Joh. 3:15.

följa för att inte gå miste om det eviga livet! Gud hör inte våra böner så länge vi inte har gjort upp med den synd vi har begått mot andra människor.[128] Den sanna omvändelsen leder alltid till att man gör upp med de synder man begått mot andra.[129]

En annan poäng av undervisningen i verserna 23–26 är att vi främst ska fokusera på det vi själva har gjort fel i relation till andra människor, snarare än på det som andra har gjort mot oss, som vi sårats av. Då vi uppriktigt ber vår motpart om förlåtelse och denne inte vill förlåta oss, är vi dock förlåtna av Gud. Då är det istället vår motpart som inte kommer att få Guds förlåtelse för sin obarmhärtighets skull.[130] Givetvis är det inte nödvändigt att komma ihåg precis allt man gjort eller sagt som sårat andra människor, men om man blir påmind om att någon har något emot en, då är man kallad att göra vad man kan för att försona sig med denne och återställa relationen. Detta utgör ett sätt att skapa fred.[131]

---

[128] Jes. 59:2; Joh. 9:31.
[129] Luk. 19:8; Apg. 26:20.
[130] Matt. 6:15; 18:35.
[131] Matt. 5:9.

Matt. 5:27-30 – Om sexuella frestelser

Ni har hört att det är sagt: Du ska inte begå äktenskapsbrott. Jag säger er: Den som ser med begär på en kvinna har redan begått äktenskapsbrott med henne i sitt hjärta. Om ditt högra öga förleder dig till synd, så riv ut det och kasta det ifrån dig! Det är bättre för dig att en del av din kropp går förlorad än att hela din kropp kastas i Gehenna. Och om din högra hand förleder dig till synd, så hugg av den och kasta den ifrån dig! Det är bättre för dig att en del av din kropp går förlorad än att hela din kropp hamnar i Gehenna.

Jesus inleder stycket med att citera det sjunde budet, om att inte begå äktenskapsbrott. I föregående stycke har vi sett att Jesus citerade budet att inte mörda. Den som begick mord skulle enligt lagen dömas till döden. Samma hårda straff skulle den få som begick äktenskapsbrott.

Jesus, som är Gud själv och den nye och större Mose, är den ende som kan skärpa båda dessa bud och även straffen för dem som bryter mot dem. Genom hela Matteus evangelium framgår det att Jesus fäster mycket stor vikt vid människors inre motiv och uppsåt. Det är inte bara den fysiska kontakten med en annan mans hustru som räknas som äktenskapsbrott, utan om man ser med begär på en annans hustru har man begått äktenskapsbrott. Hur lätt är det inte för oss människor att begå denna synd? Likväl måste vi ta Jesu ord på allvar, alltså varningen att den som begår äktenskapsbrott, om så bara i tankarna, riskerar att hamna i helvetet! Att leka med orena tankar och låta syndiga begär styra oss kan leda till att den som kommit till tro, och blivit andligt levande, på nytt förlorar gemenskapen med Gud, och dör andligen.[132] En predikant har sagt att vi inte ska strida då vi blir frestade sexuellt, utan bara fly undan det som

---

[132] Rom. 8:12-13; Gal. 6:7–8; Jak. 1:12-15.

frestar oss. Det är mycket lätt att falla i synd då sexuella frestelser kommer. Därför förmanar Paulus sin unge medarbetare Timoteus:

Fly ungdomens onda begär och sträva efter rättfärdighet, tro, kärlek och frid tillsammans med dem som åkallar Herren av rent hjärta.[133]

Må vi inte låta sexuella tankar och begär få makt över oss, utan ihärdigt söka Herren och fly till honom i frestelsens stund! Jesus har blivit frestad på alla sätt, precis som vi, men aldrig fallit i synd. Därför kan han hjälpa oss att också vinna seger över allt som frestar oss.[134] I denna onda värld och tid är världen full av sexuell omoral och frestelse. Detta drabbar såväl gifta som ogifta personer. Det räcker att slå på Tv:n, använda sociala medier eller gå ut på stan, så möts man av allehanda frestelser i form av bilder på lättklädda kvinnor. I vår tid och kultur är det mycket lätt att bli snärjd av allt detta och ledas in i porr, onani och annan sexuell orenhet. Detta är något mycket allvarligt och leder många människor till helvetet! Paulus skriver dessa varnande ord till de kristna i Efesos:

Men sexuell omoral och all orenhet eller girighet ska inte ens nämnas bland er, det anstår inte de heliga. ... Ni ska veta att ingen som är sexuellt omoralisk, oren eller girig, alltså en avgudadyrkare, har någon arvedel i Kristi och Guds rike.[135]

Notera att Paulus skriver att **all** orenhet inte ens ska nämnas bland de heliga. Detta omintetgör allt försvar utav onani, att se på porr eller sexuellt utmanande bilder, fantisera sexuellt om någon kvinna eller man som man inte är gift med, och så vidare. Var och en som lever i någon form av sexuell synd eller orenhet kommer inte att ärva det eviga livet i Guds rike!

---

[133] 2 Tim. 2:22.
[134] Hebr. 2:18; 4:15.
[135] Ef. 5:3,5.

Detta bör få oss alla att skaka, skälva och utbrista: *Vem kan då bli frälst?*[136] Var och en som har sexuell synd i sitt liv måste av hela sitt hjärta omvända sig från detta, be intensivt, fasta och ropa till Gud om frälsning från denna synd! Genom Guds nåd är det möjligt att bli fri från all synd, inklusive denna synd som snärjer många så hårt i denna onda värld. Jesus kan och vill sätta var och en som brottas med sexuell synd fri: *Om nu Sonen gör er fria blir ni verkligen fria.*[137]

Vilka är det då som får nåden att segra över all sexuell orenhet? Jo, enligt Jesu egen undervisning är det de som är desperata, alltså de som är beredda att bryta med allt som kan förleda dem till synd, som får denna nåd. Jesus använder de starka bilderna att riva ut sitt öga respektive sin hand, om dessa förleder en till synd, för att uppenbara att vi måste omvända oss av hela vårt hjärta från synden och ta avstånd från allt som kan leda oss in i synden på nytt. Om någon har problem med porrtittande på sin smartphone, är det säkrast att sluta använda en smartphone. Har man svårt för att låta bli att se på kvinnor, eller män, på badplatser och andra platser där lättklädda personer rör sig, är det bäst att undvika att vara på sådana platser. Det fungerar på ungefär samma sätt som andra typer av missbruk. En före detta alkoholist eller drogmissbrukare, bör hålla sig borta från att smaka en droppe alkohol eller annan drog.

Det är inte bara allvarligt att begå sexuell synd, utan även att förleda andra till synd. Jesus säger följande mycket starka ord angående sådana som förleder andra till synd:

---

[136] Matt. 19:25.
[137] Joh. 8:36.

Men den som förleder en av dessa små som tror på mig, för honom hade det varit bättre att få en kvarnsten hängd om halsen och bli sänkt i havets djup.[138]

Även kvinnor kan ha problem med sexuell synd, men generellt sett har män svårare problem med det. Kvinnor kan dock ha en större benägenhet att genom sitt sätt att klä sig bli orsak till att män ser på dem med sexuell åtrå. Detta är numera vanligt även i kristna församlingar! Vad för sorts kläder kan då förleda män till att se med åtrå på kvinnor? Jo, all typ av klädsel som exponerar hud, särskilt plagg med urringning, korta kjolar och byxor. Andra plagg som kvinnor bör undvika att använda är åtsittande plagg, som exponerar kroppens former, i synnerhet bröst, höfter och rumpa. Åtsittande jeans är exempel på ett plagg som kvinnor inte borde använda. Det kan säkert vara ett stort offer att behöva göra sig av med en stor del av sin garderob, men om du gör det kommer du bli belönad av Herren!

Varför är det då så viktigt att inte begå sexuella synder? Jo, därför att äktenskapet mellan en man och en kvinna är heligt. Då en man och en kvinna ingår äktenskap med varandra, förenar Gud dem till ett kött.[139] Det innebär att mannen och kvinnan har ingått ett förbund med varandra som endast bryts då en av dem dör.[140] Guds ord uppenbarar att varje äktenskap dessutom representerar relationen mellan Kristus och församlingen.[141] Lika lite som Kristus kan skiljas från sin brud – församlingen – kan en äkta man skilja sig från sin hustru för att gifta sig med en annan kvinna. Kristus är alltid trogen sin församling och älskar den mer än någon annan

---

[138] Matt. 18:6.
[139] 1 Mos. 2:24; Matt. 19:5f.
[140] Rom. 7:2f; 1 Kor. 7:39.
[141] Ef. 5:22-33.

kvinna (dem som ej ingår i församlingen), medan församlingen är kallad att i allt underordna sig honom. Så bör även ett kristet äktenskap fungera.[142] Det är därför oerhört allvarligt att begå äktenskapsbrott. En viktig anledning till att Gud har instiftat äktenskapet är att han vill att nya människor, som tillhör honom, ska bli till.[143] Då barn får växa upp i en harmonisk miljö, i vilken pappan och mamman älskar varandra och låter Gud vara i centrum av deras relation, är sannolikheten betydligt större att barnen också blir Jesu efterföljare. Bibeln innehåller viktiga instruktioner för familjeliv som vi behöver ta till oss för att ha harmoniska familjerelationer.[144]

Vi har konstaterat att sexuella frestelser utgör en av de värsta snarorna i vårt moderna samhälle. Vad är då lösningen för personer som har starka sexuella begär? Är lösningen att gå i kloster och isolera sig helt från samhällets frestelser? Nej, lösningen är inte heller att tillåta sig att onanera eller begå annan orenhet. Det finns en mycket bättre lösning enligt Guds ord:

Men för att undvika sexuella synder ska varje man ha sin hustru och varje hustru sin man. Mannen ska ge sin hustru vad han är skyldig henne, och på samma sätt hustrun sin man. Hustrun bestämmer inte över sin kropp, det gör mannen. På samma sätt bestämmer inte mannen över sin kropp, det gör hustrun.[145]

Våra sexuella begär ska alltså endast tillfredsställas inom äktenskapet. Om man har problem att leva avhållsamt sexuellt, borde man gifta sig. Det är dock oerhört viktigt att man gifter sig med en annan kristen, som

---

[142] Ef. 5:33.
[143] Mal. 2:15.
[144] Ef. 6:1–4; Kol. 3:18-21; 1 Petr. 3:1–7 m.fl.
[145] 1 Kor. 7:2–4.

47

följer Jesus i livet.[146] Annars förs med stor sannolikhet inte tron vidare till nästa generation. Båda föräldrarna behöver ha samma tro, för att inte barnen ska bli förvirrade och undra vem av dem som egentligen har rätt. Mot denna bakgrund ska vi i nästa kapitel undersöka vad Jesus lärde kring frågan om det är möjligt att bryta ett äktenskap och gifta om sig med någon annan.

---

[146] Esra kap. 9–10; 1 Kor. 7:39; 2 Kor. 6:14-16.

Matt. 5:31-32 – Jesus förbjuder skilsmässa och omgifte

Det är sagt: Den som skiljer sig från sin hustru ska ge henne skilsmässobrev. Jag säger er: Den som skiljer sig från sin hustru av annat skäl än sexuell synd, han blir orsak till att äktenskapsbrott begås med henne. Och den som gifter sig med en frånskild kvinna begår äktenskapsbrott.

Enligt Mose lag gavs tillåtelse för män att i vissa fall skilja sig från sina hustrur.[147] Bland fariséerna rådde det på Jesu tid olika uppfattningar om vilka orsaker som kunde ge en man rätt att skilja sig från sin hustru. Enligt en sträng tolkning, som rabbinen Shammai förespråkade, var det bara om kvinnan begått äktenskapsbrott som mannen kunde skilja sig och gifta om sig. Den liberala synen var att mannen kunde skilja sig av i stort sett vilken anledning som helst.[148] Därför frågade fariséerna vid ett tillfälle om det var tillåtet för en man att skilja sig från sin hustru av vilken orsak som helst.[149] Anledningen till att det rådde delade meningar i frågan var att det i 5 Mos. 24:1 står att en man kan skilja sig från sin hustru om han kommer på henne med något oanständigt. Det specificeras inte vad detta innebär, men kvinnan kunde då bli en annan mans hustru.

Utifrån Jesu ord i Matt. 19:4–9, där han ställer det mer tillåtande budet gällande skilsmässa i Mose lag mot sin egen utläggning av Guds ursprungliga vilja i samband med att han skapade mannen och kvinnan, förstår vi att 5 Mos. 24:1 tillät skilsmässa och omgifte av andra anledningar än då äktenskapsbrott begåtts. Jesus ger nämligen män tillåtelse att åtminstone skilja sig om deras hustrur begår äktenskapsbrott utan att

---

[147] 5 Mos. 24:1–4.
[148] Enligt rabbinen Hillel.
[149] Matt. 19:3.

omvända sig. Eftersom äktenskapsbrytare dessutom skulle stenas enligt lagen kan inte "något oanständigt" syfta på äktenskapsbrott. Kvinnan som blivit skild från sin man på grund av att hon begått "något oanständigt", skulle ju inte dödas, utan hon kunde bli en annan mans hustru. Jesus förklarar emellertid att det endast var på grund av människornas hårda hjärtan som Mose lag hade givit tillåtelse till skilsmässa och omgifte. I det nya förbundet, i vilket de som blivit födda på nytt har fått ett nytt hjärta som älskar Gud och vill leva efter hans perfekta vilja, ger Jesus inte tillåtelse till skilsmässa av någon annan orsak än om otukt[150] begåtts. Omgifte, däremot, är enligt Jesus inte alls tillåtet, utom om mannen eller hustrun dör.

Jesu undervisning om skilsmässa och omgifte är mycket kontroversiell i vår tid då olydnaden gentemot hans bud bland bekännande kristna blivit så omfattande. I de flesta fall beror denna olydnad på att man inte vill lyda Jesu bud och inte på att hans undervisning är oklar. Den stora frågan, som det råder delade meningar om även bland kristna som tar Jesu bud på allvar, är om man får lov att inte bara skilja sig, utan även gifta om sig, om ens hustru eller man begått äktenskapsbrott mot en. Som vi redan har noterat lärde rabbinen Shammai att det var tillåtet för en man att både skilja sig och gifta om sig om hustrun begått äktenskapsbrott. De som menar att Jesu undervisning ger tillåtelse att båda skilja sig och gifta om sig vid otrohet, har alltså nästan samma lära som Shammai. De är dessutom mindre strikta än han var eftersom han lärde att det bara var mannen som kunde gifta om sig om hustrun varit otrogen och inte tvärtom.

Om vi antar att Jesus lärde i princip detsamma som Shammai, skulle hans lära inte vara så kontroversiell och chockerande, eftersom åtminstone en

---

[150] Grek. *porneia*

50

minoritet av judarna hade denna syn. I Matt. 19:10 läser vi emellertid att Jesu lärjungar utbrister dessa ord efter att de hört Jesu undervisning om skilsmässa och omgifte:

Är det så med mannens förhållande till hustrun, är det bäst att inte gifta sig!

Hade Jesu lära varit densamma som anhängarna av Shammai lärde, är det svårt att förklara varför lärjungarna blev så förvånade. Det är mer rimligt att deras förvånade utrop berodde på att de förstod att Jesus inte gav någon tillåtelse alls till omgifte ens om hustrun varit otrogen. Det var också så de tidiga kristna förstod Jesu undervisning:

Jag sade: "Herre, jag vill fråga dig om en liten sak." "Säg det, sade han." "Herre," sade jag, "om någon har en maka som tror på Herren och finner att hon begår äktenskapsbrott syndar han då om han lever samman med henne?" "Så länge han inte vet det," sade han, "syndar han inte. Men om mannen får veta om hennes synd och kvinnan inte ångrar sig utan fortsätter med sin otukt, och mannen ändå lever samman med henne, så blir han medskyldig till hennes synd och tar del i hennes otukt." "Herre, vad skall mannen göra," sade jag, "om kvinnan fortsätter med denna lidelse?" "Han skall ge henne skilsmässa," sade han, "och mannen skall förbli ensam. Om han efter skilsmässan gifter om sig begår han själv äktenskapsbrott."[151]

"För oss kommer inte äktenskap vara tillåtet, även om vi ha skiljt oss från dem [d.v.s. otrogna partners]."[152]

---

[151] *Hermas Herden* (ca. 150), DE APOSTOLISKA FÄDERNA, s. 251.

[152] *Tertullianus* (ca. 217), översatt till svenska från boken A DICTIONARY of EARLY CHRISTIAN BELIEFS, s. 219.

51

"En fru får inte lämna sin man. Eller, om hon skulle lämna honom, måste hon förbli ogift."[153]

I enlighet med undervisningen i 1 Kor. 7:39 tilläts dock omgifte då den tidigare mannen eller hustrun dött:

Jag frågade honom åter: "Eftersom du nu står ut med mig, så kan du förklara en sak till." "Säg det," sade han. "Herre," sade jag, "om en kvinna eller en man avsomnar och den överlevande gifter om sig, så syndar han väl inte?" "Han syndar inte," sade han. "Men den som förblir ogift förvärvar en större heder och får stor ära inför Herren. Men han syndar inte om han gifter om sig."[154]

De tidiga kristna lärde enhälligt att omgifte är detsamma som äktenskapsbrott, så länge ens tidigare man eller hustru fortfarande lever. Jesu så kallade undantagsklausul i Matt. 19:9, som ofta används för att ge stöd åt synen att man får lov att gifta om sig om ens man eller hustru varit otrogen mot en, lästes på ett annat sätt av de tidiga kristna:

"Men jag säger er: Var och en som skiljer sig från sin hustru, utom för otukts skull, och gifter sig med en annan, begår äktenskapsbrott, och den som gifter sig med den frånskilda kvinnan begår äktenskapsbrott."[155]

Enligt de tidiga kristnas förståelse av denna vers hör konjunktionen "utom" endast till den första delen av meningen, alltså "var och en som skiljer sig från sin hustru," och inte även till "och gifter sig med en

---

[153] *Cyprianus* (ca. 250), översatt till svenska från boken A DICTIONARY of EARLY CHRISTIAN BELIEFS, s. 219.

[154] *Hermas Herden* (ca. 150), DE APOSTOLISKA FÄDERNA, s. 253–254.

[155] SRB 2016.

annan."[156] Detta innebär att Jesus ger tillåtelse för män att skilja sig från en otrogen hustru, men inte att gifta sig med någon annan. Om Jesus hade velat klargöra att det är tillåtet att både skilja sig och gifta om sig vid otrohet, hade han förmodligen uttryckt sig på detta sätt: "Var och en som skiljer sig från sin hustru och gifter sig med en annan, utom för otukts skull, begår äktenskapsbrott." Vilka har troligtvis rätt angående skilsmässa och omgifte – de tidiga kristna, som talade nytestamentlig grekiska flytande, eller majoriteten av dagens evangeliska kristna?[157]

---

[156] Gr. μη.

[157] Elliot Nesch, Early Christian Commentary of the Sermon on the Mount, pp. 123–156

Matt. 5:33-37 – Jesus förbjuder sina lärjungar att svära eder

Ni har också hört att det är sagt till fäderna: Du ska inte svära falskt, och: Du ska hålla din ed inför Herren. Jag säger er: Ni ska inte svära alls – varken vid himlen, för den är Guds tron, eller vid jorden, för den är pallen för hans fötter, eller vid Jerusalem, för det är den store Kungens stad. Du ska inte heller svära vid ditt huvud, för du kan inte göra ett enda hårstrå vitt eller svart. Ert ord ska vara 'ja' eller 'nej'. Allt därutöver kommer från den onde.

Varför behandlar Jesus överhuvudtaget frågan om eder? Är det verkligen en synd att svära en ed för att understryka att man verkligen talar sanning? För att besvara dessa frågor ska vi se närmare på vad Guds ord i sin helhet säger om eder. Jesus ger här ett klart förbud mot alla typer av eder för att bekräfta att man talar sanning. Förutom detta förbud i Bergspredikan, skildrar Matteus två avskräckande händelser för att illustrera att de som svär eder kan råka illa ut:

1. Herodes tvingades att halshugga Johannes Döparen för att hålla eden att ge Herodias dotter vad hon än begärde av honom.[158]
2. Petrus svor en ed att han inte kände Jesus då han för tredje gången förnekade honom.[159] Av detta exempel framgår det också att eder inte alltid utgör en garanti att någon talar sanning.

Det finns en stor skillnad mellan Jesu undervisning om eder och vad Mose lag lär i frågan. I Mose lag fanns nämligen inget förbud mot svärande av eder. Vad som var förbjudet var att inte hålla löften man med ed hade

---

[158] Matt. 14:6–11.
[159] Matt. 26:74.

lovat Gud att hålla.[160] Andra delar av Gamla testamentet talar också om att både änglar och Guds folk kunde bekräfta sanningen genom att svära eder.[161] I skarp kontrast till Gamla testamentets bud och exempel, förbjuder Jesus sitt folk att svära eder i det Nya förbundets tid. Även ifråga om sanningsenlighet är Jesu lärjungar kallade att överträffa fariséernas och de skriftlärdas rättfärdighet. Den som har tagit emot Guds Ande, det vill säga sanningens Ande,[162] talar alltid sanning då de är ledda av Anden.

Till församlingen i Efesus skriver Paulus att de troende ska lägga av lögnen och tala sanning, till följd av att de blivit iklädda den nya människan som skapats till likhet med Gud.[163] Vi har redan konstaterat att anledningen till att Gud enligt Mose lag tillät skilsmässa och omgifte berodde på att människorna hade hårda hjärtan, vilket ledde till att de inte förmådde leva efter Guds fullkomliga vilja. I saligprisningarna har vi också sett att Jesus förklarar dem saliga som har rena hjärtan. Rena hjärtan har, som vi sett, endast de som blivit födda på nytt av Guds Ande.[164] I kraft av att ha iklätts en ny människa genom den nya födelsen, kan Jesu lärjungar leva ett nytt liv som är betydligt mer heligt än fariséernas och de skriftlärdas, vilka ljög, bland annat då de inför Pilatus påstod att Jesus hade förbjudit folket att betala skatt till kejsaren.[165]

I vår egna svenska kultur är folk överlag relativt sanningsenliga, men i många andra kulturer är det vanligt att folk ljuger. I de kontexterna är det också vanligt att svära eder om man vill att folk verkligen ska lita på att det man säger är sant. Om någon ljuger trots att man under ed påstår att

---

[160] 4 Mos. 30:3; 5 Mos. 23:21.
[161] Se t.ex. Dan. 12:7; Sak. 8:17.
[162] Joh. 16:13.
[163] Ef. 4:24f.
[164] Ps. 51:12; Hes. 36:26; Apg. 15:9; Heb. 10:22 m.fl.
[165] Lukas 23:2.

man talar sanning, är det i folks ögon värre än om någon ljuger utan att svära ed. Då man svär en ed åberopar man sig ju på den eller det som är högre än en själv, till exempel vid Gud eller Bibeln och förolämpar denne eller detta om man ljuger under ed. Eder har kommit till på grund av att människor ofta ljuger, men i Jesu rike är eder överflödiga eftersom hans lärjungar talar sanning då de är ledda av sanningens Ande.

Jesu halvbror Jakob understryker också att Guds folk inte ska svära eder. Han uttrycker att de kristna "framförallt" inte ska svära.[166] Genom att använda det ordet efter att ha behandlat många andra saker i sitt brev, förklarar Jakob att Jesu förbud mot att svära eder är ett viktigt bud som de kristna verkligen ska vara angelägna om att lyda.

Då Jesus förklarar att hans lärjungars tal ska vara "ja, ja och nej, nej," menar han att de alltid ska vara helt ärliga och aldrig komma med dubbla budskap. En liknelse som illustrerar detta är den om de två sönerna.[167] Vi ska alltså alltid hålla saker vi lovar andra. Gud är till sin natur absolut sann och kan därför inte ljuga.[168] Som Guds barn är kristna kallade att vara hans efterföljare.[169]

Ska Jesu förbud mot eder också gälla den kristnes förhållande till staten?

I alla tider har kungar och makthavare avkrävt trohetseder av de som arbetar för dem. Romerska soldater svor trohetseder till kejsaren i samband med att de påbörjade sin tjänst. Tre gånger per år repeterades denna rituella ed (*Sacramentum*) till kejsarens och de romerska gudarnas

---

[166] Jak. 5:12.
[167] Matt. 21:28-30.
[168] Titus 1:2.
[169] Ef. 5:1.

ära.[170] Centurioner (officerare) i den romerska armén var tvungna att leda sina soldater i svärandet av *Sacramentum* tre gånger per år. I samband därmed deklarerade de att kejsaren är Herre och Gud (*Dominus et Deus*)![171] Av denna anledning är det omöjligt att den romerske officeren Cornelius kan ha fortsatt sin tjänst som officer då han blev kristen.[172]

Med tanke på att kejsaren krävde fullständig lydnad av de som ingick i hans tjänst, och dessutom krävde att hyllas som Herre och Gud, har Jesu förbud att svära eder förmodligen även politiska motiv. Det är han själv som ska hyllas som Herre och Gud av sitt folk och ingen annan. I samband med att ett land hamnar i krig med ett annat land, kräver det av sina soldater att de är beredda att ge sina liv i statens tjänst. Gud kräver dock att vi istället frambär våra kroppar som ett levande och heligt offer inför honom.[173] Våra liv tillhör alltså Gud och det är endast honom vi ska tjäna, vare sig vi lever eller dör.[174] De som tjänar honom kan inte samtidigt tjäna kejsaren och ge sitt liv för staten som soldat.

Även med tanke på kontexten i Matt. 5 är det troligt att Jesus förbjuder svärande av eder för de kristna i förhållande till staten. I Matt. 5:41 säger Jesus nämligen att hans lärjungar är kallade att gå två mil med den som tvingar dem att gå en mil i deras tjänst. Det var antingen romerska soldater eller män i högre ställning som på detta sätt missbrukade sin ställning genom att tvinga de underkuvade judarna att bära saker åt dem över en viss sträcka. Eftersom Jesus talar om hans lärjungars bemötande av romare i maktpositioner, är det troligt att Jesus verkligen menar att också alla eder som staten kan kräva av sina medborgare är förbjudna för en

---

[170] Kalantzis G., Caesar and the Lamb, 2012, s. 48.
[171] Ibid. 67.
[172] Apg. 10.
[173] Rom. 12:1
[174] Rom. 14:8

kristen av att svära. Det blir alltså enbart av den anledningen i stort sett omöjligt för en kristen att tjänstgöra som soldat eller domare. Denna slutsats drog även de tidiga kristna.[175]

---

[175] Early Christian Commentary of the Sermon on the Mount, ss. 147–156.

Matt. 5:38-42 – Jesus förbjuder sina lärjungar att stå emot onda människor med våld

Ni har hört att det är sagt: Öga för öga och tand för tand. Jag säger er: Stå inte emot den som är ond. Om någon slår dig på högra kinden, vänd då också andra kinden mot honom. Om någon vill dra dig inför rätta och ta din tunika, så låt honom få manteln också. Om någon tvingar dig att gå med en mil, så gå två mil med honom. Ge åt den som ber dig, och vänd dig inte bort från den som vill låna av dig.

I vers 38 citerar Jesus Mose lags princip om "öga för öga och tand för tand,[176] som behandlade vilket straff den skulle få som orsakade sin nästa skada. Den som blivit utsatt för våld av någon och blivit skadad fick inte ta saken i egna händer och hämnas,[177] utan särskilda domare var enligt lagen tillsatta för att bestämma graden av straff den skyldige skulle få.[178] Den som vållat sin nästa kroppsskada skulle som straff bli tillfogad samma typ av skada som offret hade åsamkats. Jesus förbjuder alltså inte personlig hämnd, som vissa menat, eftersom det inte var tillåtet ens enligt Mose. Han ger istället sitt folk i det nya förbundet budet att inte alls stå emot det onda med fysiskt våld, eller kräva att den som har skadat en blir dömd. Istället för att starta en rättsprocess för att få honom eller henne dömd, ska en Jesu lärjunge förlåta personen. Detta framkommer tydligt då vi jämför Jesu undervisning med Paulus ord i 1 Kor. 6:7:

Redan det att ni processar med varandra är ett nederlag för er. Varför tar ni inte hellre en oförrätt? Varför tar ni inte hellre en förlust?

---

[176] 2 Mos. 21:24; 3 Mos. 24:20; 5 Mos. 19:21
[177] 3 Mos. 19:18
[178] 5 Mos. 16:18-20

En sak som är värd att lägga märke till är att Jesus bara nämner "öga för öga och tand för tand" i sin anspelning på lagens bud. Det fulla citatet lyder: "Liv för liv, öga för öga, tand för tand, hand för hand, fot för fot, brännskada för brännskada, sår för sår och blåmärke för blåmärke."[179] Jesus nämner alltså bara ett par exempel, vilket tyder på att hans bud att vända andra kinden till, då någon slår en på den högra kinden, också bara är ett exempel på vad det innebär att inte stå emot den som är ond. Det är ett allmänt bud som gäller alla Jesu lärjungar att de inte får vålla den som angriper dem någon fysisk skada. Domarna i Israel skulle enligt lagen bruka våld för att straffa onda människor, men Jesu lärjungar ska inte utöva det sättet att övervinna onda människor. Istället ska de övervinna onda människor och vinna dem för Jesus genom att bemöta dem med kärlek, barmhärtighet och goda gärningar.[180]

Även av Jesu ord i 5:40 förstår vi att Jesus bland annat har ett juridiskt domstolsperspektiv i åtanke då han ger budet att inte stå emot den som är ond. Han befaller nämligen att hans lärjungar även ska ge sin mantel åt den som vill starta en rättsprocess för att lägga beslag på ens livklädnad. Alltså är en Jesu efterföljare kallad att lida oförrätter, på samma sätt som Jesus led utan att göra motstånd i samband med att han behandlades orättvist då han blev slagen, hånad och dödad.[181] I vers 5:41 säger Jesus att denna princip även gäller då man blir tvingad att utföra tjänster åt ens fiender. Det var ju de av judarna hatade romarna som styrde Israel på Jesu tid och högt uppsatta romare och soldater tvingade ibland folk att bland annat bära saker åt dem en viss sträcka. Romarna utövade brutalt våld mot alla som försökte göra motstånd mot dem och slog skoningslöst ner varje försök till uppror från judarnas sida. Trots att romarna var judarnas värsta

---

[179] 2 Mos. 21:23-25
[180] Rom. 12:17-21
[181] 1 Pet. 2:20-23

60

fiender, befaller Jesus sina lärjungar att göra gott också mot dem och göra ännu mer för dem än vad de kräver. De som tillhör Guds rike gör inte motstånd mot sina fiender med våld och tvingar heller aldrig någon att göra en viss sak.[182]

Världens riken måste styras med våld på grund av att de människor som inte är födda på nytt står under lagen och måste bli avskräckta från att göra onda gärningar mot varandra genom hot om straff. Lagen gavs genom Mose och den är fylld av exempel på hur de som bröt mot Guds bud fick utstå hårda straff.[183] Nåden och sanningen kom emellertid med Jesus Kristus.[184] Evangelierna är fyllda av exempel på Jesu nåd och barmhärtighet mot syndare.[185] Jesus säger klart och tydligt att han inte hade kommit för att döma världen, utan för att frälsa den.[186] Så stor är skillnaden mellan lagens förbund och nådens förbund. De som står under lagen är styrda av rädsla för straff, både det straff som Gud gett staten befogenhet att utdöma, och det straff som Gud kommer att utdöma på den yttersta domens dag. Den, däremot, som tagit emot Jesu nåd och kommit in i hans rike gör inte det goda av rädsla för straff, utan av uppriktig kärlek till Gud och sina medmänniskor, under Guds Andes ledning.[187]

De som är födda på nytt är i första hand medborgare i Guds rike,[188] och ska betrakta sig själva som främlingar i den här världens riken.[189] Därför ska de inte döma syndare eller stå emot det onda med fysiskt våld på det sätt som världens makthavare gör. Det är alltså inte rätt för en kristen att

---

[182] Matt. 20:25f
[183][183] Ex. 1 Mos. 6–7; 19:24f; 2 Mos. 7:14-11:10; 3 Mos. 24:10-23; 4 Mos. 14:36f; 16:32-35; 25:1–9
[184] Joh. 1:17
[185] Ex. Mark. 2:4f; Luk. 9:52-56; 22:50f; 23:34; Joh. 8:1–11
[186] Joh. 3:17; 12:47
[187] Rom. 8:2–4; 2 Kor. 5:14f; Gal. 5:16-18; 1 Tim. 1:8–10
[188] Joh. 3:5; Fil. 3:20; Kol. 1:13; Hebr. 13:14
[189] Hebr. 11:13; 1 Pet. 1:1, 17; 2:11

tjänstgöra som till exempel domare, polis eller soldat. De kristna innehar inte lagens dömande tjänst, utan har anförtrotts försoningens tjänst.[190] Evangeliet handlar om att Gud tack vare Jesu försoningsdöd för världens synder inte tillräknar människorna deras synder, utan efterskänker hela deras skuld då de i tro tar emot hans erbjudande om räddning genom Jesu verk. Genom att bemöta alla människor med barmhärtighet och inte bidra till någons död, lever Jesu lärjungar ut evangeliets budskap i sina liv.

Jesu lärjungar har kallelsen att leva på samma sätt som Jesus levde.[191] Då folket försökte göra Jesus till en jordisk kung, som utövar makt genom hot om straff, drog han sig undan från dem.[192] I samband med att två bröder grälade med varandra om ett arv, sa Jesus:

Människa, vem har satt mig till skiljedomare mellan er?[193]

Det finns inte något enda exempel i Nya testamentet, efter Jesus död och uppståndelse, på kristna som försvarar sig med våld. Det framkommer istället på många ställen att de inte gjorde det.[194] I nya testamentet finns heller inga instruktioner för kristna regenter, domare eller soldater. Istället omnämns alltid överheten i tredje person till exempel "han" eller "de," inte "du" eller "ni."[195] Detta indikerar att det bara var folk utanför församlingen som utövade statens dömande och straffande tjänst.[196] Paulus förklarade dessutom att även om vi vandrar i köttet strider vi inte efter köttet.[197]

---

[190] 2 Kor. 5:18
[191] 1 Pet. 2:21; 1 Joh. 2:6.
[192] Joh. 6:14f.
[193] Luk. 12:14.
[194] Ex. Rom. 8:36; Hebr. 10:34; Jak. 5:6.
[195] Ex. Rom. 13:1–7.
[196] 1 Kor. 5:12.
[197] 2 Kor. 10:3; Ef. 6:10.

Den tidiga kyrkan före Nicaea 325 förstod att kristna inte har kallelsen att utöva statens dömande och straffande ämbete.[198] Ingen kan tjäna två herrar.[199] Därför kan man inte i statens tjänst stå emot det onda med fysiskt våld. Jesus har ju förbjudit sina lärjungar att göra det. Följande citat från tidiga kristna visar att de lärde detta:

Vi har lärt oss att inte slå tillbaka, ej heller ställa dem som plundrar och rånar oss inför rätta. Inte bara det, utan vi har lärt oss att även visa fram den andra kinden mot den som slår oss på den ena kinden.[200]

Kristna får inte lov att använda våld för att korrigera syndens brottslighet.[201]

Herren kommer att rädda dem på den dagen – alltså sitt folk – såsom får. ... Ingen ger namnet "får" åt dem som stupar i strid med vapen i hand, eller åt dem som dödas då de står emot våld med våld. Istället ges det bara åt dem som blir slaktade, medan de överlämnar sig i sin plats bestående av plikt och tålamod – istället för att strida i självförsvar.[202]

De kristnas kung är Jesus och därför får de inte göra någonting som strider mot hans bud. I samband med att kristendomen blev statsreligion i Romarriket på 300-talet gick tyvärr denna lära förlorad. Sedan dess har miljontals bekännande kristna stridit mot och dödat andra bekännande kristna i många krig. Detta har bidragit till att Kristi namn har blivit

---

[198] Se t.ex. Early Christian Commentary of the Sermon on the Mount, ss 157-174.

[199] Matt. 6:24.

[200] *Athenagoras* (ca. 175), översatt till svenska från s. 474 i *A DICTIONARY of EARLY CHRISTIAN BELIEFS.*

[201] *Clemens av Alexandria* (ca. 195), ibid.

[202] *Tertullianus* (ca. 207, översatt till svenska från s. 475 i A DICTIONARY of EARLY CHRISTIAN BELIEFS.

smädat bland hedningarna.[203] Sanningen om att kristna under inga omständigheter får ta till våld för att stå emot det onda har emellertid återupptäckts av många väckelserörelser genom historien, till exempel av valdenserna under medeltiden, anabaptisterna under 1500-talet, vissa radikalpietister i början av 1700-talet och många pingstvänner på 1900-talet. Må vi alla återigen ta till oss denna sanning så att vi i allt följer Jesu väg, som består av självförnekelse och radikal kärlek gentemot alla människor:

Se till att ingen lönar ont med ont, utan sträva alltid efter att göra gott både mot varandra och mot alla människor.[204]

---

[203] Rom. 2:24.
[204] 1 Tess. 5:15.

Matt. 5:43-48 – Att älska sina fiender

Ni har hört att det är sagt: Du ska älska din nästa och hata din fiende. Men jag säger er: Älska era fiender, välsigna dem som förbannar er, gör väl mot dem som hatar er och be för dem som hånar er och förföljer er, så att ni kan vara barn till er Fader som är i himlarna. För han låter sin sol gå upp över onda och goda och låter det regna över rättfärdiga och orättfärdiga. För om ni älskar dem som älskar er, vad får ni för lön för det? Gör inte också tullindrivarna detsamma? Och om ni hälsar endast på era bröder, vad gör ni för märkvärdigt med det? Gör inte tullindrivarna det också? Var därför fullkomliga, såsom er Fader som är i himlarna är fullkomlig.[205]

Vi har i Jesu undervisning om att inte stå emot det onda med fysiskt våld sett hur Jesu lärjungar är kallade att bemöta onda människor. De ska:

1. Vända andra kinden till då någon slår dem på ena kinden.[206]
2. Ge ännu mer än vad en ond människa vill ta ifrån dem.
3. Göra mer än vad en ond människa ber dem att göra.
4. Ge gåvor och lån utan att kräva eller förvänta sig att få något tillbaka.[207]

Dessa utgör förstås endast exempel på hur Jesu bud att inte stå emot det onda ska levas ut i verkligheten. Jesu undervisning att älska sina fiender tar denna utmanande undervisning ett steg längre. En Jesu lärjunge är inte kallad att vara passiv i kampen mot onda människor, utan vinna dem för sanningen genom att göra goda gärningar för dem i kärlek.

---

[205] Enligt SRB 2016.
[206] Lukas 6:29
[207] Lukas 6:30, 35

Jesus inleder i 5:43 sin undervisning om att älska sina fiender med en hänvisning till vad Mose lag lär. Första delen av Jesu citat, om att älska sin nästa, kommer från 3 Mos. 19:18. Den andra delen, om att hata sin fiende, utgör inget direkt citat från lagen. Det framkommer emellertid i lagen att Israels folk var kallat att strida mot de folk som stod emot dem och försökte förhindra dem att inta Kanaans land. Enligt 5 Mos. 23:3–6 skulle ammoniter och moabiter inte kunna upptas som medlemmar i Guds folk intill tionde släktledet, eftersom dessa folk inte hade gett Israels folk mat och dryck i öknen och för att de lejde Bileam till att förbanna dem. På grund av att ammoniterna och moabiterna hade gjort det som var ont mot Israels folk, skulle dessa folk inte bli bemötta med kärlek och välvilja av Guds folk. I 5 Mos. 7:16 står det ännu tydligare vad Guds folk ska göra med sina fiender, nämligen förgöra dem utan någon som helst barmhärtighet. Anledningen till att Gud gav sitt folk dessa instruktioner var för att han använde dem för att straffa de andra folken i Kanaans land för deras synder. Enligt Mose lag skulle man alltså inte alls göra gott mot dem som förbannade Guds folk och hatade det, utan förgöra dem med svärd.

Jesus, däremot, har inte kommit för att förgöra sina fiender, utan för att rädda dem.[208] Jesus är världens ljus, som bryter ner den mur av fiendskap som på grund av lagen fanns mellan omskurna judar och oomskurna hedningar. Under lagens tid var hednafolken utestängda från medborgarskapet i Israel. Genom sin död på korset bröt han emellertid sönder denna mur av fiendskap genom att försona hela världens synder. I Ef. 2:15 anges det tydligt att Jesus på korset tagit bort lagens bud och föreskrifter och i Ef. 2:19 förklaras det att hedningarna inte längre är gäster och främlingar, utan medborgare i Guds rike, det vill säga i Israel.

---

[208] Joh. 3:17; 12:47; Rom. 5:8

Gud kallar nu alla människor till omvändelse och till att ta emot Jesu blod, som renar från all synd och utplånar all fiendskap mellan Gud och människor och mellan människor sinsemellan.

Det gamla förbundet med dess bud, bland annat budet att förgöra Guds folks fiender med svärd är nu föråldrat.[209] Istället befaller Jesus sina lärjungar:

Älska era fiender och gör gott mot dem som hatar er. Välsigna dem som förbannar er och be för dem som förorättar er.[210]

Detta bud utgör raka motsatsen till buden om att strida mot Guds folks fiender och förgöra dem, som gällde under det gamla testamentets tid. Men hur kan Gud genom Jesus ge så annorlunda befallningar? Står det inte om Gud att ingen förändring sker hos honom och ingen växling mellan ljus och mörker?[211] Jo, det är helt sant att Guds natur inte kan förändras. Han är helig och rättvis och är mycket vred på människor på grund av deras synder.[212] Även i det nya förbundets tid är Guds folk kallade att vara Guds soldater och strida mot ondskan i världen.[213] Gud är en stridsman[214] i både det gamla och det nya förbundets tid. Skillnaden i Guds folks kallelse består inte i att det under lagens tid skulle strida mot onda människor, men i nådens tid vara passiva och tolerera ondskan i världen. Skillnaden är istället hur de strider, vilka vapen de använder och mot vilka dessa vapen riktas. I nya förbundets tid strider inte mer Guds folk mot människor överhuvudtaget, utan mot djävulen och hans änglar.

---

[209] Hebr. 8:13
[210] Lukas 6:27-28 (SFB 98)
[211] Jak. 1:17
[212] Ps. 7:12; Rom. 1:18 m.fl.
[213] 2 Kor. 10:3–6; Ef. 6:10-18; 2 Tim. 2:3–5
[214] 2 Mos. 15:3

Våra vapen är vare sig svärd, spjut, gevär, kulsprutor eller kärnvapen, utan sanningen, tron, rättfärdigheten, evangeliet, frälsningen och Guds ord.[215] Jesus övervann inte ondskan genom att ta någons liv, utan genom att offra sitt eget liv för sina fiender. På korset bad han för sina fiender eftersom han ville att de skulle komma till omvändelse.[216] Jesus övervann ondskans andemakter genom att offra sitt eget blod för oss människor och göra det möjligt för alla människor att bli befriade från sina synder. Genom sitt verk på korset förlorade dessutom djävulen makten över mänskligheten, eftersom det var på grund av våra synder han kunde anklaga oss inför Gud och ha makten över oss. I Upp. 12:11 står det att Guds folk övervann Satan genom Lammets blod, sitt vittnesbörds ord och genom att ge sina liv för tron på Jesus.

För att bättre förstå Jesu bud att älska vi ska älska våra fiender, behöver vi också tänka på hur den historiska situationen var i Israel på Jesu tid. Israel hade under nästan 100 års tid varit under romarnas överhöghet. Dessa slog brutalt ner varje försök till uppror och många judar fick sätta livet till i kampen för Israels självständighet. Under 600 år, sedan babylonierna intog och förstörde Jerusalem år 586 f.Kr., hade judarna bara varit självstyrande i knappt 100 år, efter upproren mot det grekiska väldet som de så kallade mackabéerna bedrev på 100-talet f.Kr.[217] Det var de hatade romarna som hade avslutat denna korta tid av självständighet. Judarna längtade nu innerligt på sin Messias ankomst. Han skulle krossa Guds folks fiender och återupprätta Israel. Jesus befaller emellertid sina lärjungar att inte strida för återställandet av Israels självständighet, eller för sina jordiska tillgångar, utan villigt ge dem åt var och en som kräver

---

[215] Ef. 6:14-17
[216] Lukas 23:34
[217] Detta uppror beskrivs utförligt i 1 och 2 Mackabéerboken, som bland annat finns i "Tillägg till Gamla testamentet" i vissa utgåvor av Bibel 2000.

68

att få dem. De tidiga kristna följde Jesu bud bokstavligen i Nya testamentet.[218]

Något som också är värt att notera är att det finns en koppling mellan Matt. 5:9 och 5:45. I den första versen prisar Jesus dem saliga som skapar fred och att dessa ska kallas Guds söner. Jesus förklarar i 5:44 hur hans lärjungar ska skapa fred genom att göra goda gärningar mot sina fiender, varpå han i 5:45 förklarar att hans lärjungar därigenom ska bli sin himmelske Faders söner. Genom att bemöta onda människor med kärlek, besegrar vi dem, och dessa kan då bli överbevisade om sin egen synd och bli vunna för Guds rike.[219]

Vad menar Jesus då han i den sista versen i Matt. 5 säger att hans lärjungar ska vara fullkomliga, såsom deras himmelske Fader är fullkomlig? Genom att versen inleds med konjunktionen "alltså," knyter Jesus an till undervisningen i de föregående verserna. Genom att älska alla människor, såväl onda som goda, blir vi lika Gud i hans fullkomliga kärlek. Den som följer Jesus ger mat och dryck åt sina fiender, välsignar dem och ber för dem.[220] Det är så de kristna är kallade att representera Jesus och hans rike. Den försoning och det skapande av fred som Gud har åstadkommit genom Jesu seger över ondskans andemakter på korset, ska predikas av de kristna genom såväl ord som handlingar.

---

[218] Hebr. 10:34
[219] Rom. 12:17-21; 1 Pet. 2:21-3:2
[220] Rom. 12:20; 1 Kor. 4:12; Apg. 7:60

Matt. 6:1–4 – rätt givande av allmosor

Akta er för att göra era goda gärningar inför människor, för att bli
sedda av dem. Då får ni ingen lön hos er Far i himlen. När du ger en
gåva ska du inte basunera ut det, så som hycklarna gör i synagogorna
och på gatorna för att bli ärade av människor. Jag säger er sanningen:
De har fått ut sin lön. Nej, när du ger en gåva, låt inte din vänstra hand
veta vad den högra gör. Då ges din gåva i det fördolda, och då ska din
Far, som ser i det fördolda, belöna dig.

Vi har hitintills sett att Jesus, i sin undervisning i Matt. 5:21-48, förklarar
på vilka sätt hans lärjungars rättfärdighet ska överträffa de skriftlärdas och
fariséernas rättfärdighet.[221] De misstag som fariséerna begick i sina försök
att hålla Mose lag bestod inte i att de försummade de mindre viktiga
buden, utan i att de ofta missade den absoluta kärnan i lagen, nämligen
kärleken till sina medmänniskor.[222] Jesus gav dessutom sina lärjungar bud
som till och med överträffade Mose lags moraliska krav. Dessa specifika
bud från Jesu mun uppenbarar Guds perfekta vilja för hur alla människor
bör leva. Genom att lyda dessa kan Jesu lärjungar bli fullkomliga, såsom
deras Fader i himlen.[223] Nu ska vi se närmare på Jesu undervisning om
hur hans lärjungar ska leva mer rättfärdigt än fariséerna och de skriftlärda
ifråga om tre mycket viktiga andliga handlingar: givande av allmosor, bön
samt fasta.

Jesus varnar sina lärjungar för att, likt fariséerna, göra goda gärningar i
syfte att få beröm för detta av andra människor.[224] Om man ger gåvor åt
fattiga, eller gör andra typer av goda gärningar, i syfte att få ära och beröm

---

[221] Matt. 5:20
[222] Matt. 23:2f, 23
[223] Matt. 5:48
[224] Matt. 23:5

av andra människor för hur "god" man är, är dessa gärningar ingenting värda i Guds ögon. Alla goda gärningar som inte görs av uppriktig kärlek och omsorg om nödlidande människor har ingen betydelse.[225] Den, däremot, som drivs av kärlek till Gud och sina människor, söker inte sin egen ära utan Guds ära och människors välbefinnande.[226] Det är oerhört allvarligt att göra goda gärningar i syfte att upphöja sig själv och vinna människors anseende, eftersom det faktiskt hindrar en att komma till tro och förbli i en sann tro på Jesus.[227] Gud står nämligen emot de högmodiga, men ger nåd åt de ödmjuka.[228] Vi bör alla rannsaka oss själva och ställa oss själva frågan om vi har skänkt pengar i syfte att visa för andra hur generösa vi är. Kanske har du skyltat med ditt namn i en lista över gåvogivare i till exempel en kristen tidning? Eller så kanske du ibland talar med andra om hur mycket pengar du skänker åt exempelvis missionen eller olika hjälporganisationer?

Jesu undervisning om givande av gåvor åt fattiga människor är i evangelierna mycket omfattande. Ett av de viktigaste kännetecknen på en sann lärjunge till Jesus är att hon hjälper nödställda människor då hon har möjlighet att göra det.[229] På domens dag kommer Jesus att döma dem, vilkas tro och efterföljelse av honom inte kännetecknats av att göra goda gärningar, till evigt straff![230] Kommer vi en dag att få höra Jesus säga dessa ord till oss: "Bra, du gode och trogne tjänare. Du har varit trogen i det lilla. Jag ska sätta dig över mycket. Gå in i din Herres glädje!"[231] Eller, kommer vi att få våra namn strukna ur livets bok och kastas i den

---

[225] 1 Kor. 13:3

[226] Joh. 8:50; 1 Kor. 10:24; 13:4; 1 Joh. 3:17f m.fl.

[227] Matt. 23:12; Joh. 5:44;

[228] Jakob 4:6; 1 Pet. 5:5

[229] Ords. 3:27f; Jakob 2:15f

[230] Matt. 25:41–46

[231] Matt. 25:21.

brinnande sjön?[232] Vad kännetecknar den tro som kommer att bestå provet på domens dag? Jo, den tro som har varit verksam i kärlek.[233] På domens dag kommer Jesus att döma oss baserat på vilken frukt vi har burit under våra liv som kristna. Den goda frukten består bland annat av att man ger mat, dryck, kläder och husrum åt nödställda människor, samt att man besöker sjuka och personer i fängelse.[234]

Detta innebär naturligtvis inte att man kan begå olika synder och sedan köpa sig fri från dessa genom att försöka göra desto fler goda gärningar som kompensation. Ingen som lever i synd kommer att ärva Guds rike.[235] Jesus menar heller inte att det räcker att ha gjort goda gärningar några gånger, utan att han kommer att bedöma om våra liv som hans lärjungar varit präglade av goda gärningar mot, i första hand, nödställda syskon i tron och i andra hand andra nödlidande människor. Därför skriver Paulus dessa ord till de kristna i Galatien:

Låt oss inte tröttna på att göra gott. Ty när tiden är inne får vi skörda, om vi inte ger upp. Låt oss därför göra gott mot alla människor medan vi har tillfälle, och framför allt mot dem som delar vår tro.[236]

I den närmast föregående kontexten har Paulus skrivit om hur viktigt det är att så i Andens åker och inte i köttets åker, annars kommer man inte att nå fram till det eviga livet. Ett viktigt kännetecken på en person som sår i Andens åker, det vill säga låter sig ledas av Anden, är att hon är generös och delar med sig av sitt överflöd åt de fattiga.[237] Kan vi ärligt säga att vi

---

[232] Upp. 3:3:1–5; 20:15

[233] Gal. 5:6; Jak. 2:20-23

[234] Matt. 25:35f

[235] 1 Kor. 6:9f

[236] Gal. 6:9f SFB 98

[237] 1 Tim. 6:18f

har utnyttjat varje tillfälle att göra gott, om vi samtidigt samlar på oss pengar och ägodelar vi inte verkligen behöver? Ingen som samlat på sig många ägodelar kommer att få beröm av Jesus på domens dag. Många av dem kommer istället få höra de fruktansvärda orden:

Gå bort ifrån mig, ni förbannade, till den eviga elden, som är beredd åt djävulen och hans änglar.[238]

Den som lever för pengar och ägodelar, lever inte för Gud utan för sig själv. Den, däremot, som älskar Gud och vill göra hans vilja, kommer att ge frikostigt och efter förmåga åt dem som lider nöd. Detta gör hon inte för att vinna ära och beröm av människor, utan av uppriktig kärlek till Gud och sina medmänniskor.

---

[238] Matt. 25:41 SFB 98

Matt. 6:5–13 – Rätt bön

Och när ni ber ska ni inte vara som hycklarna, som älskar att stå och be i synagogorna och i gathörnen för att synas inför människor. Jag säger er sanningen: De har fått ut sin lön. Nej, när du ber, gå in i din kammare och stäng din dörr och be till din Far som är i det fördolda. Då ska din Far, som ser i det fördolda, belöna dig. Och när ni ber ska ni inte rabbla tomma ord som hedningarna. De tänker att de ska bli bönhörda för sina många ords skull. Var inte som de, för er Far vet vad ni behöver innan ni ber honom om det. Så ska ni be: Vår Far i himlen, låt ditt namn bli helgat. Låt ditt rike komma. Låt din vilja ske, på jorden som i himlen. Ge oss i dag vårt dagliga bröd. Och förlåt oss våra skulder, så som vi förlåter dem som står i skuld till oss. Och för oss inte in i frestelse, utan fräls oss från det onda, för riket är ditt och makten och härligheten i evighet. Amen.[239]

I likhet med vid givande av allmosor får vi aldrig drivas av begär efter människors ära då vi ber, genom att be långa böner med avsikten att framstå som särskilt andliga. Jesus förklarar att den rätta bönen utgörs av ett förtroligt samtal som Guds barns för i enrum med sin käre Fader i himlen. De som känner Gud vill också spendera tid med honom genom daglig bön. Jesus vill att hans lärjungar i sina böner ska fokusera på sådana saker som hör till Guds rike och Guds vilja. Våra egna och andras andliga behov är desto viktigare att be för än för kroppsliga behov. I Matteus 6:5–8 går Jesus igenom hur man inte ska be. Man får absolut inte be med avsikten att framhäva sig själv och sin "fromhet," för att andra ska se upp till en. Bönen ska istället karaktäriseras av den kristnes innerliga och förtroliga samtal med sin älskade Fader i himmelen. Jesus förklarade

---

[239] Vers 13 enligt SRB 2016.

också att vi inte ska rabbla långa böner med många ord i tron att man därigenom ska få Gud att svara en. Vi kan inte på något sätt manipulera Gud. Gud vet redan om alla våra behov och därför vill han inte att vi kommer till honom i bön med fokus på vad vi vill att han ska ge oss. Istället ska fokuset i våra böner vara på Gud och hans rikes utbredning. I Bibeln ges viktiga instruktioner relaterade till bön, till exempel:

1. Det är bara de som verkligen har vänt om från alla sina synder som har löfte om att få svar på sina böner (2 Krön. 7:14; Jes. 59:2).

2. När vi ber ska vi tro att Gud kommer att ge oss det vi ber honom om (Mark. 11:24).

3. Vi uppmanas att be uthålligt för samma saker, tills Gud besvarar vår bön (Luk. 18:1ff).

4. Gud hör dem som fruktar honom och gör hans vilja (Joh. 9:31; Jak. 5:16).

5. Om vi förblir i Jesus, genom att hans ord förblir i oss, ska vi bli bönhörda (Joh. 15:7).

6. Vi uppmanas att be uthålligt för Guds folk och för församlingens ledare (Ef. 6:18f).

7. Vi ska inte be om att få saker som tillfredsställer själviska begär, till exempel efter lyx och nöjen (Jak. 4:3).

8. Gud lovar att ge sina barn allt de ber om som är efter hans vilja (1 Joh. 5:14f)!

Herrens bön

För att få en god ordning på vårt dagliga andaktsliv bör vi använda Herrens egen bön (Matteus 6:9–13) som grund. Den utgör en mönsterbön som innehåller allt väsentligt som vi borde be om varje dag. I Lukas 11 bad en av Jesu lärjungar honom att han skulle lära dem att be, varpå Jesus svarar med att återigen ge lärjungarna den bön som vi kallar Herrens bön. Därmed understryker Jesus vikten av denna bön.

Herrens bön är inte avsedd att bes av vem som helst som kommer in i kyrkorna, utan endast av dem som verkligen är Guds barn. Den ska bes av dem som verkligen har Anden och genom denne kan ropa "Abba, Fader!"[240] Sanna tillbedjare av Gud tillber honom i Ande och sanning.[241] Det är Anden som driver Guds barn att vända sig till sin Fader i himlen genom att samtala med honom i bön. Därför är det mycket beklagligt att de liturgiska kyrkorna[242] har gjort Herrens bön till en del av gudstjänstens liturgi, som alla som besöker deras kyrkor inbjuds att be. Till följd av dessa kyrkors långa samarbete med staten, däribland Svenska kyrkans, är än idag majoriteten av invånarna här i Sverige och i många andra europeiska länder medlemmar i respektive lands traditionella statskyrka. Alla som är medlemmar i Svenska kyrkan inbjuds att delta i allt gudstjänstliv, i vilket det alltså också ingår att be Herrens bön. Var gång människor som inte är födda på nytt, och/eller som inte lever som Jesu lärjungar genom att hålla hans bud, tillåts vara med och be den bön som Jesus befallde sina lärjungar att be, inbillar man dem att Gud är deras Fader och invaggar dem i en falsk frälsningsvisshet.

Herrens bön utgör en fantastisk bön och av den kan vi dra slutsatser om vilka saker Gud vill att vi prioriterar då vi ber. En sak är helt säker, nämligen att alla saker som ingår i Herrens bön utgör saker som Gud vill att vi ska be om. Då vi ber om saker som är i enlighet med Guds vilja har vi löfte om att också få bönesvar.[243] I bönen vänder vi oss till vår käre Fader i himmelen! Inte ens den bäste fadern som någon kan ha på jorden

---

[240] Rom. 8:15.
[241] Joh. 4:23f.
[242] Romersk-katolska kyrkan, Ortodoxa kyrkorna, Anglikanska kyrkan och Lutherska kyrkorna.
[243] 1 Joh. 5:14f.

76

går att jämföra med Gud ifråga om den grad av kärlek och omsorg som han har för var och en som är hans barn. Han vill alltid sina barn det bästa och vet vad vi verkligen behöver, nämligen att vi ska växa till i tro, kärlek och helgelse.[244] Därför är fokuset för bönerna i Herrens bön på Fadern och att hans vilja ska ske.

De tre första bönerna i Herrens bön handlar, i tur och ordning, om Faderns namn, hans rike och hans vilja. Vi ber först vår Fader att hans namn ska bli helgat, ärat och upphöjt över hela jorden. Guds namn som sådant kan inte göras mer heligt av oss, men Gud vill att alla människor ska ära hans namn och aldrig missbruka det. Vi ber också att vi kristna i synnerhet ska ära Guds namn genom att leva på ett sätt som ärar Gud och gör människor intresserade av tron på Gud.[245] Gud ska hållas helig i alla troendes hjärtan så att detta får konsekvenser för hur de bemöter dem som inte tror, oavsett var de möter ofrälsta människor.[246]

Om Gud hålls helig i våra hjärtan kan också Guds rike utbredas genom oss. Bönen om att Guds rike ska komma hör samman med bönen att Guds vilja ska ske på jorden. Guds rike finns nämligen i dem som tillhör Jesus.[247] Samma kraft som Gud använde för att uppväcka Jesus från de döda finns i Guds barn![248] Guds rike kommer då människor blir befriade från onda andar; då människor blir frälsta från sina synder och djävulens makt över dem; samt när människor, som tidigare inte brydde sig om varandra och/eller var varandras ovänner, istället börjar älska varandra och tjäna varandra i kärlek.[249]

---

[244] 1 Thess. 4:3ff; Hebr. 12:9–11.
[245] Rom. 2:23f; 1 Petr. 2:12.
[246] 1 Petr. 3:15f.
[247] Luk. 17:21.
[248] Ef. 1:19f.
[249] Matt. 12:28; Kol. 1:13; Rom. 14:15-19.

Efter bönerna som är fokuserade på Gud och hans rike, följer tre böner för olika viktiga behov som alla lärjungar till Jesus har. Notera att två av dessa tre behov består av andliga behov, medan bara en kan handla om fysiska behov. I bönen om bröd ber vi inte om någon lyxig livsstil, utan om att få våra grundläggande fysiska behov tillgodosedda. Jesus har lovat att var och en som söker hans rike och rättfärdighet först ska få sina viktigaste behov, bestående av mat och kläder, tillgodosedda.[250] Efter att Jesus hade mättat 5000 män, förutom kvinnor och barn, med fem bröd och två fiskar, uppmanar Jesus folket att inte arbeta för den mat som tar slut, utan för den som varar till evigt liv.[251] Det vi ska vara angelägna att be för är alltså att vi förblir i Kristus, den ende som kan ge oss evigt liv.[252]

Något som är så allvarligt att vi kan bli skilda från Kristus och bli fördömda för evigt är om vi inte förlåter andra människor, på samma sätt som Gud har förlåtit våra synder. Jesus lär sina lärjungar att det alltid är angeläget att be Fadern om förlåtelse för våra synder, eftersom vi inte automatiskt har förlåtelse för de synder vi begår som kristna.[253] Vi behöver alla vara ödmjuka och medvetna om att vi inte kan stå rättfärdiga inför Gud genom egen syndfrihet. Även då vi inte kan komma på någon specifik synd vi begått nyligen, behöver vi be om förlåtelse för synder vi inte är medvetna om att vi har begått.[254]

Vad innebär egentligen bönen "och inled oss inte i frestelse.?" Gud frestar väl ingen att synda? Med tanke på andra bibelställen kan vi vara säkra på att Gud själv absolut inte frestar någon att synda.[255] Gud har emellertid

---

[250] Matt. 6:33.
[251] Joh. 6:27.
[252] 1 Joh. 5:12.
[253] Jak. 5:19f; 1 Joh. 1:9.
[254] Ps. 19:13; 130:2–4.
[255] Jak. 1:13; 1 Joh. 1:5.

den absoluta makten i universum och djävulen kan inte göra något som Gud inte tillåter.[256] Vi ber alltså om Guds beskydd gentemot allt ont så att djävulen inte får utrymme att sända frestelser i vår väg som får oss att synda. Det är mycket viktigt att regelbundet be om Guds beskydd gentemot allt ont, eftersom Jesus har gjort det klart att vi i anden (ofta) är villiga att göra det goda, men att vi är svaga i köttet.[257] Cyprianus, biskop i Karthago i mitten av 200-talet skrev bland annat följande tänkvärda ord om bönen "inled oss inte i frestelse:"

Och då vi säger, 'Befria oss från det onda', återstår ingenting mer som det är nödvändigt att be om. Så snart vi har bett om Guds beskydd gentemot det onda, och erhållit det, är vi säkra och beskyddade gentemot allt som djävulen och världen sänder emot oss. Ty vad behöver den frukta, vars beskyddare i detta liv är Gud?[258]

---

[256] Job 1:6–12; 2:1–6; Upp. 2:10.
[257] Matt. 26:41.
[258] Egen översättning till svenska, s. 264 i *EARLY CHRISTIAN COMMENTARY of the SERMON on the MOUNT.*

Matt. 6:14-15 – Om vikten av att alltid förlåta

För om ni förlåter människorna deras överträdelser, ska er himmelske Far också förlåta er. Men om ni inte förlåter människorna, ska inte heller er Far förlåta era överträdelser.

"Saliga är de barmhärtiga, de ska få barmhärtighet."[259] Jesu undervisning om förlåtelse kan ses som en utveckling av hans saligprisning av de barmhärtiga. Jesus understryker också hur viktigt det är att förlåta, genom att utveckla vad han menar med bönen *"och förlåt oss våra skulder, såsom också vi förlåter dem som är oss skyldiga."*[260] Det är enbart den del av Herrens bön som handlar om förlåtelse, som Jesus betonar genom att förklara den utförligare.

Vad menar då Jesus med att säga att vi måste förlåta andra deras synder för att själva få förlåtelse av Gud? Jesu befallning om att förlåta alla människor är absolut, vilket betyder att vi ska förlåta alla människor som handlar illa emot oss, även om de inte ens ber oss om förlåtelse. Alla lärjungar till Jesus är kallade att vandra i hans fotspår och, likt honom, förlåta till och med dem som utsätter oss för svår fysisk tortyr och misshandel.[261] Så fort vi blir påminda om att någon har handlat illa emot oss, ska vi inom oss förlåta personen.[262]

Även som en pånyttfödd kristen, som blivit uppfylld av Guds kärlek,[263] är det emellertid möjligt att i köttet uppfyllas av en anda av oförsonlighet och ovilja att förlåta andra. Guds ord innehåller därför många förmanande

---

[259] Matt. 5:7.
[260] Matt. 6:12.
[261] Luk. 23:34; Apg. 7:60; Jak. 5:6.
[262] Mark. 11:25.
[263] 1 Joh. 4:7, 19.

ord riktade till kristna, som handlar om vikten av att vi förlåter varandra och andra, för att vi själva ska få förlåtelse av Gud för de synder vi begår som kristna.[264] Jesus lär dessutom klart och tydligt att Gud till och med kan ta tillbaka hela den skuld vi hade inför honom, till följd av alla synder vi har begått i våra liv som ofrälsta, om inte vi av hjärtat förlåter andra som handlar illa mot oss.[265]

Vad behöver vi då göra om vi har problem med att förlåta en annan människa? Jo, vi behöver ödmjuka oss inför Gud och ångra och bekänna vår ovilja att förlåta som synd. Vi behöver också betänka hur mycket Gud har förlåtit oss och inse att den synd en annan människa har begått emot oss är mycket liten i jämförelse med alla de synder Gud har förlåtit oss. Ovilja att förlåta andra är ett kännetecken på kärlekslöshet och därför behöver vi uppriktigt be Gud om hjälp att älska och förlåta den som har handlat illa mot oss.[266] Vi behöver be om den vishet från ovan som Jakob beskriver:

Men visheten som är från ovan är först ren och sedan fridsam, mild, villig att ge med sig, fylld av barmhärtighet och goda frukter, fri från partiskhet och hyckleri.[267]

Denna vishet, med vars hjälp vi kan leva i osjälvisk kärlek, försonlighet och fred med andra, kommer ifrån Gud.[268] Då vi är uppfyllda av Guds vishet, kan vi mycket lättare förlåta andra. Det vi behöver göra är att uppriktigt ångra våra synder och be Gud om förlåtelse om vi bär på bitterhet och oförsonlighet gentemot någon/några personer i vårt hjärta.

---

[264] Luk. 6:37f; Ef. 4:32; Kol. 3:13.
[265] Matt. 18:21-35.
[266] 1 Kor. 6:7f;
[267] Jak. 3:17.
[268] Jak. 1:5.

81

Den som fruktar Gud får nåd av honom att vandra i Anden och leva i seger över all ovilja att förlåta andra.

Matt. 6:16-18 – Rätt fasta

När ni fastar, se då inte dystra ut som hycklarna, som vanställer sina ansikten för att visa människor att de fastar. Jag säger er sanningen: De har fått ut sin lön. Nej, när du fastar, smörj in ditt huvud och tvätta ditt ansikte så att inte människor ser att du fastar, utan bara din Far som är i det fördolda. Då ska din Far, som ser i det fördolda, belöna dig.

Jesus ger alltså även instruktioner för fasta i Bergspredikan. Detta faktum bidrar till att tydliggöra att hans undervisning i Bergspredikan verkligen ska levas ut av alla Jesu lärjungar efter hans död och uppståndelse. Varför? Jo, på grund av att Jesus på ett annat ställe förklarade att hans lärjungar inte kan fasta medan brudgummen (det vill säga han själv) ännu är hos dem, men att de kommer att göra det efter det att han har tagits ifrån dem.[269] Jesus menar alltså att hans lärjungar kommer att fasta efter hans död, uppståndelse och himmelsfärd. Först då kommer de instruktioner han i Bergspredikan givit om hur man ska fasta att bli betydelsefulla. De bud som Jesus befallde sina apostlar att hålla, lärde de i sin tur ut till alla som blev nya lärjungar till Jesus.[270] Det är också därför Matteus har med Jesu viktiga Bergspredikan i sitt evangelium.

Det som vi alla bör ha klart för oss är att fasta inte är något som enbart överandliga personer ska ägna sig åt. Jesus sa ju inte "*Om* ni fastar…", utan "*När* ni fastar…" Alla kristna har alltså kallelsen att avsätta en dag eller dagar då och då för fasta. Det vi dock ska ha klart för oss är att vi aldrig får fasta i syfte att framstå som särskilt fromma i andra kristnas ögon. Vad är då en rätt fasta?

---

[269] Lukas 5:33-35.
[270] Matt. 28:19–20; 1 Joh. 5:1–5.

Genom profeten Jesaja har Gud uppenbarat vad som är en rätt fasta:

Skulle detta vara en sådan fasta som jag vill ha, en dag då människan ödmjukar sig? Att man hänger med huvudet som ett sävstrå och sätter sig i säcktyg och aska, vill du kalla det att hålla fasta och en dag till Herrens välbehag? Nej, detta är den fasta jag vill ha: Lossa orättfärdiga bojor, lös okets band, släpp de förtryckta fria, bryt sönder alla ok, ja, dela ditt bröd åt den hungrige, skaffa de fattiga och hemlösa en boning, kläd den nakne var du än ser honom och drag dig inte undan för den som är ditt kött och blod.[271]

Fasta får alltså inte i någon mån utgöra en show inför Gud och människor, det vill säga något man gör för att framhäva sin ödmjukhet och fromhet. Fastan måste kombineras med äkta kärlek till Gud och till sina medmänniskor. Denna kärlek tar sig uttryck i att man avhåller sig från all synd i tankar, ord och gärningar och gör goda gärningar för nödlidande medmänniskor. När det gäller detta har vi mycket att lära av de tidiga kristna:

"Men håll en sådan här fasta för Gud: Gör inte något ont i ditt liv utan tjäna Herren med rent hjärta. Håll hans bud genom att vandra i hans stadgar och låt inga onda begär stiga upp i ditt hjärta. Men tro på Gud; om du gör det, fruktar honom och avhåller dig från alla onda handlingar ska du leva för honom. Och om du gör det, så håller du en fasta som har stort värde och behagar Gud."[272]

---

[271] Jes. 58:5–7.
[272] Hermas Herden (ca år 100–150), citerad från s. 275 i *DE APOSTOLISKA FÄDERNA*.

Med detta menas inte att man inte alls ska bokstavligen avhålla sig från mat då man fastar, utan att fastan alltid måste kombineras med ett helgat liv och goda gärningar:

"Så skall du göra: Sedan du har utfört det du skrivit ner skall du den dag som du fastar inte smaka något annat än vatten och bröd. Räkna sedan ut hur mycket den mat du annars tänkt äta skulle ha kostat, och ge allt åt en änka, en faderlös eller en fattig."[273]

De tidiga kristna inte bara lärde detta, utan de levde verkligen ut detta i sina liv. Detta finner vi vittnesbörd om i bland annat Aristides apologi (försvarsskrift), som han skrev till den romerske kejsaren Hadrianus, ca år 125, till försvar för den kristna tron:

"Och om det finns någon ibland dem [de kristna] *som är fattig och nödlidande, och om de inte har någon extra mat, fastar de i två eller tre dagar för att förse de nödställda med deras brist på mat. De iakttar noggrant sin Messias föreskrifter, genom att leva rättfärdigt och nyktert som Herren deras Gud befallde dem."*[274]

Detta vittnesbörd är verkligen starkt! Vilka av oss har så stor kärlek till nödlidande trossyskon att vi avstår från mat och dryck för att ha mer pengar att ge till dem? Ingen av oss har någon ursäkt. Även om man är låginkomsttagare kan man alltid fasta mer för att kunna ge pengar åt exempelvis församlingar och kristna hjälporganisationer som hjälper fattiga och nödlidande människor. Kanske sänder Gud nödställda människor till dig personligen, som han kallar dig att hjälpa? Då gäller det att vi inte stänger våra hjärtan för dem. Gör vi det så kan inte Guds kärlek

---

[273] Hermas Herden, citerad från s. 277 i *DE APOSTOLISKA FÄDERNA*
[274] Citatet hämtat från s. 273 ur boken *EARLY CHRISTIAN COMMENTARY* of the SERMON on the MOUNT.

förbli i oss.[275] Det är bara de som har varit barmhärtiga emot sina medmänniskor, som kommer att få barmhärtighet av Gud på domens dag, då alla ska dömas efter sina gärningar.[276]

Finns det då någon annan poäng med att fasta, bortsett från att man får mer resurser att hjälpa fattiga? En viktig anledning till att fasta regelbundet, i kombination med bön, är att vi på så sätt kommer närmare Gud och öppnar upp oss själva för hans ledning och tilltal. Detta är särskilt viktigt i samband med att kyrkan står inför ett vägskäl och måste fatta ett viktigt beslut. Vi har ett tydligt exempel på detta i Apostlagärningarna 13:1–3:

I församlingen i Antiokia fanns det profeter och lärare: Barnabas, Simeon som kallades Niger, Lucius från Kyrene, Manaen som var fosterbror till landsfursten Herodes, samt Saulus. När de tjänade Herren och fastade sade den helige Ande: "Avskilj Barnabas och Saulus åt mig för den uppgift som jag har kallat dem till." Då fastade de och bad och lade händerna på dem och skickade sedan ut dem.[277]

Det var alltså i samband med att ett antal ledare inom församlingen tjänade Gud och fastade, som den helige Ande fick tillfälle att tala till dem om vilka han hade utvalt för det missionsuppdrag i dagens Turkiet som senare kom att kallas Paulus första missionsresa.[278] Det var ett oerhört viktigt uppdrag och det var därför viktigt att rätt män blev utsända på det. Som vi nog alla vet bevisade Paulus gång på gång att han, som en god förvaltare av Guds nåd, var en oerhört skicklig och uthållig missionär. Han kunde sanningsenligt säga att han hade arbetat mer än alla de

---

[275] 1 Joh. 3:17.

[276] Matt. 25:31–46; Matt. 16:27; 2 Kor. 5:10; Gal. 6:7–10.

[277] SFB 2015

[278] Apg. 13:4-14:26.

andra.[279] Av detta exempel kan vi dra slutsatsen att det är oerhört viktigt att Jesu lärjungar ber och söker Gud inför viktiga beslut. Varför räcker det då inte alltid med att enbart be? Varför besvära sig med att även fasta?

I Hermas Herden står det: *Varje bön kräver ödmjukhet; fasta alltså, så skall du få det som du ber Herren om.*[280] Fasta hör alltså ihop med ödmjukhet. Genom att fasta och be för viktiga saker, uttrycker man inför Gud en ödmjuk attityd och erkänner att man är i behov av Guds hjälp för att ha seger över frestelser till synd. Därför kan det också vara angeläget att fasta och be i samband med att man vänder om från synd. Vi har i Guds ord ett tydligt exempel på detta i Jona 3:4–10:

Jona gick en dagsresa in i staden och predikade och sade: "Om fyrtio dagar ska Nineve förstöras." Och folket i Nineve trodde Gud. De utlyste en fasta och klädde sig i säcktyg, från den störste av dem till den minste. När budskapet nådde kungen i Nineve reste han sig från sin tron, tog av sin mantel och klädde sig i säcktyg och satte sig i aska. Sedan utropade och förkunnade man i Nineve enligt kungens och hans stormäns befallning: "Varken människor eller djur, kor eller får ska smaka något. De får inte beta eller dricka. Både människor och djur ska klä sig i säcktyg. Alla ska ropa till Gud med kraft och vända om från sin onda väg och de övergrepp han begår. Vem vet, då kanske Gud vänder om och ångrar sig och vänder sig från sin glödande vrede så att vi inte går under." När Gud såg vad de gjorde, att de vände om från sin onda väg, ångrade han det onda som han hade hotat att göra mot dem och gjorde det inte.

---

[279] 1 Kor. 15:10.
[280] Citerat från s. 243 i DE APOSTOLISKA FÄDERNA.

Jona framförde ett rakt och tydligt budskap, nämligen att Gud skulle förstöra Nineve efter fyrtio dagar. Det var inte ett tomt hot, utan Gud tänkte verkligen förstöra staden. Men, då Gud såg hur folket fastade, bad och uppriktigt ångrade alla sina synder, ångrade också han sitt beslut att förstöra staden och skonade den istället. Detta är också i harmoni med Guds ord i Joel 2:12-13:

Men nu, säger Herren, vänd om till mig av hela ert hjärta, med fasta, gråt och klagan. Riv sönder era hjärtan, inte era kläder, och vänd om till Herren er Gud, för han är nådig och barmhärtig, sen till vrede och stor i nåd, och han ångrar det onda.

Detta är fantastiska ord direkt från Herrens mun! Gud uppenbarar att han inte vill straffa skyldiga syndare, utan istället ge dem nåd. Då människor verkligen ödmjukar sig inför honom och uppriktigt vänder om från alla sina synder, så ger han dem förlåtelse för alla deras synder.[281] Fasta kan utgöra ett viktigt uttryck för ödmjukhet inför Gud och att man verkligen menar allvar med sin omvändelse och/eller sina böner för viktiga saker.

---

[281] 2 Kor. 7:10.

Något som är viktigt att tänka på är att absolut inte fasta i syfte att framstå som särskilt from i andras ögon, på samma sätt som vid bön och givande av gåvor åt fattiga. Den ende som behöver veta när vi fastar är Gud själv. Vi har nu berört tre viktiga andliga saker som alla lärjungar till Jesus är kallade att praktisera regelbundet: givande av allmosor, bön och fasta. Må vi alltid komma ihåg Jesu varningar om att aldrig göra dessa saker i syfte att andra människor ska se hur "fromma" vi är, utan enbart praktisera dessa handlingar för Gud och hans ära.[282]

---

[282] 1 Kor. 10:31.

Matt. 6:19-24 – Jesu undervisning om hur hans lärjungars inställning till pengar ska vara

Samla er inte skatter på jorden, där rost och mal förstör och tjuvar bryter sig in och stjäl. Samla er skatter i himlen, där varken rost eller mal förstör och där inga tjuvar bryter sig in och stjäl. För där din skatt är, där kommer också ditt hjärta att vara. Ögat är kroppens lampa. Om ditt öga är friskt får hela din kropp ljus. Men om ditt öga är sjukt, ligger hela din kropp i mörker. Om nu ljuset inom dig är mörker, hur djupt är då inte mörkret! Ingen kan tjäna två herrar. Antingen kommer han att hata den ene och älska den andre, eller hålla fast vid den ene och förakta den andre. Ni kan inte tjäna både Gud och mammon.

Också ifråga om pengar och egendomar är Jesu lärjungar kallade att leva mer rättfärdigt och osjälviskt än fariséerna och de skriftlärda. I Lukas 16:14 nämns att fariséerna älskade pengar och därför skrattade åt Jesus då han förklarade att de inte kan tjäna både Gud och Mammon samtidigt.[283] De skriftlärda var noga med att ge tionde av allt de tjänade,[284] men kunde samtidigt handla kärlekslöst mot fattiga människor genom att ta in hos exempelvis änkor och äta upp deras mat.[285] De bröt också mot budet att hedra sina föräldrar på deras ålderdom genom att inte ge dem ekonomisk hjälp, utan istället ge en summa pengar till templet.[286] Jesu lärjungar, däremot, ska helt ta avstånd från sådant ekonomiskt hyckleri.

På många ställen varnar Jesus för risken att låta ens begär efter, och bekymmer över pengar och egendomar, ta den plats som Gud och hans

---

[283] Detta är ett arameiskt ord med betydelsen "pengar/förmögenhet."
[284] Matt. 23:23; Lukas 18:12
[285] Lukas 20:47
[286] Matt. 15:3–6

rike ska ha i våra liv. Ett tydligt exempel har vi i liknelsen om såningsmannen i Matt. 13:3–9. I vers 22 i samma kapitel förklarar Jesus att sådden av säd ibland tistlar utgör en bild för dem som har tagit emot Guds ord och kommit till tro, men som inte bär god frukt för Gud i sina liv, eftersom de låter sina begär efter rikedom och bekymmer över materiella saker ha för stort utrymme i deras liv.[287] Denna varning riktades även till Jesu tolv närmaste lärjungar, som hade lämnat allt för att följa Jesus.[288] Även Judas Iskariot var bland dem, men han tog inte till sig Jesu varningar, utan lät så småningom begäret efter pengar driva honom till att ta av Jesu och lärjungarnas gemensamma kassa.[289] Till slut fick hans kärlek till pengar så stor makt över honom att han förrådde Jesus inför översteprästerna för endast 30 silvermynt, varpå han hängde sig, efter att han fått reda på att de hade dömt Jesus till döden för hädelse.[290]

Lukas evangelium innehåller särskilt mycket av Jesu undervisning om pengar. I Lukas 6:24-25 uttalar han till och med verop över de som är rika och över dem som är mätta och skrattar. Hur ska vi förstå detta? Kommer alla som har det gott ställt att gå miste om det eviga livet? Vi bör verkligen förvissa oss om att inte vi på domens dag kommer att höra Jesus säga till oss: *Gå bort ifrån mig, ni förbannade, till den eviga elden som är beredd åt djävulen och hans änglar.[291]* För att rätt förstå vilka Jesus kommer att fördöma på domens dag, på grund av pengar, är det viktigt att vi går till andra skriftställen som belyser ämnet. I liknelsen om den rike mannen och Lasarus[292] framkommer det att den rike mannen får lida straff i eld efter

---

[287] Detta påminner om Paulus ord de kristna som hade kommit bort från sin tro på grund av sitt begär efter till pengar, 1 Tim. 6:10

[288] Matt. 19:27

[289] Joh. 12:6

[290] Matt. 26:14–16, 47–50; Matt. 27:1–5

[291] Matt. 25:41

[292] Lukas 16:19-31

sin död på grund av att han levt ett själviskt liv i glädje och fest var dag och inte brytt sig om att hjälpa den fattige Lasarus som låg utanför porten till hans hus. Genom liknelsen om den rike dåren[293] förklarar Jesus att den som samlar skatter åt sig själv för att leva ett glädjefyllt och bekymmerslöst liv i många år, kommer att förlora sin själ. Notera att Jesus i denna liknelse förbjuder samlandet av skatter åt sig själv. Det är alltså det själviska sparandet av pengar för eget välbefinnande som uttryckligen fördöms av Jesus. I illustrationen av den yttersta domen[294] välsignar Jesus dem som står på hans högra sida och ger dem sin Faders rike,[295] eftersom de hade gett mat åt de hungriga, dryck åt de törstiga, tagit hand om främlingar, gett kläder åt de nakna och besökt sjuka och folk i fängelse. Det eviga livet i Guds rike kommer bara att ges åt dem som burit Guds rikes goda frukter.[296]

I Lukas 12:33-34 ger Jesus en tydlig förklaring av budet i Matt. 6:19-21 att inte samla skatter på jorden, utan i himlen. Detta gör man genom att sälja vad man äger och ge gåvor (åt de fattiga). Detta bud ger Jesus till sina lärjungar och är alltså ett av de bud som han befallde dem att lära alla människor, som väljer att döpa sig och följa Jesus i sina liv.[297] Den rike tullindrivaren Sackeus,[298] som hade bedragit många människor på pengar, hade verkligen förstått att han behövde göra upp med sin kärlek till pengar för att kunna bli en lärjunge till Jesus. Efter att han fått sitt liv förvandlat genom Jesu kärlek, sålde han hälften av allt han ägde och gav pengarna åt de fattiga. Dessutom betalade han tillbaka fyrdubbelt till alla han hade

---

[293] Lukas 12:15-21
[294] Matt. 25:31–46
[295] Jämför med Luk. 12:32-34
[296] Matt. 21:43
[297] Matt. 28:19–20
[298] Lukas 19:1–10

bedragit på pengar. Förmodligen gav han därmed upp i stort sett allt han ägde.

Clemens, äldste i Alexandria i slutet av 100-talet, skrev följande talande ord om hur allvarligt det är att leva för pengar och egendomar:

Rikedom, som inte hanteras på rätt sätt, är ett ondskans fäste. Många kommer aldrig nå fram till himmelriket eftersom de kastar sina blickar på den. För de längtar sjukligt efter världens saker, och lever i stolthet på grund av överflöd.... Kärlek till pengar befinns vara ondskans fäste, som aposteln säger "är roten till allt ont."... De bästa rikedomarna är emellertid att vara fattig på begär. Och äkta storsinthet är inte att vara stolt över rikedom, utan att förakta den.[299]

---

[299] Egen översättning från engelska. Citerat i *A DICTIONARY of EARLY CHRISTIAN BELIEFS, s. 440* från ANF 2:248.

Matt. 6:25-34 – Om att inte göra sig bekymmer för kroppens behov

Därför säger jag er: Bekymra er inte för ert liv, vad ni ska äta eller dricka, eller för er kropp, vad ni ska klä er med. Är inte livet mer än maten och kroppen mer än kläderna? Se på himlens fåglar. De sår inte, de skördar inte och samlar inte i lador, och ändå föder er himmelske Far dem. Är inte ni värda mycket mer än de? Vem av er kan med sitt bekymmer lägga en enda aln till sin livslängd? Och varför bekymrar ni er för kläder? Se på ängens liljor, hur de växer. De arbetar inte och spinner inte. Men jag säger er: Inte ens Salomo i all sin prakt var klädd som en av dem. Om nu Gud ger sådana kläder åt gräset, som i dag står på ängen och i morgon kastas i ugnen, hur mycket mer ska han då inte klä er? Så lite tro ni har! Bekymra er därför inte och fråga inte: Vad ska vi äta? eller: Vad ska vi dricka? eller: Vad ska vi klä oss med? Allt detta söker hedningarna efter, men er himmelske Far vet att ni behöver allt detta. Nej, sök först Guds rike och hans rättfärdighet, så ska ni få allt det andra också. Bekymra er alltså inte för morgondagen, för morgondagen bär sitt eget bekymmer. Var dag har nog av sin egen plåga.

Jesus lyfter i denna text fram hur viktigt det är att vi inte i första hand arbetar för den mat som tar slut, utan för den mat som varar i evighet.[300] I alla tider har vi människor tänkt att det viktigaste i livet är att arbeta för att få våra fysiska behov av mat, dryck, kläder, med mera, tillgodosedda. Människan lever i första hand för sig själv och för sin kropps behov. Då man tjänar mer pengar än man behöver, tänker man inte främst på att hjälpa dem som lider nöd, utan på att införskaffa mer ägodelar. Folk i

---

[300] Joh. 6:27.

Sverige lever idag för sina hus, bilar, båtar, utlandsresor, sommarstugor med mera. Höginkomsttagare ser ner på låginkomsttagare och låginkomsttagarna avundas höginkomsttagarna. Bibeln lär att det är meningslöst att leva för sina begär efter pengar, egendomar och ära.[301] Detta beror på att vi inte kan behålla något av det vi samlat på oss den dag vi dör.[302] Den människa som inte känner Gud tänker att det är bäst att passa på att tillfredsställa sina begär och njuta av livet så mycket som möjligt innan det är för sent.[303] Folk vill helst vara ekonomiskt oberoende, vilket man kan förstå om man betänker hur vanligt det är att folk köper trisslotter och drömmer om högsta vinsten. Liksom den rike mannen i Jesu berättelse om den rike mannen och Lasarus, vill världens barn leva var dag i glädje och fest.[304]

Jesus förklarar för sina lärjungar att deras liv inte ska ha samma fokus på kroppens behov som hedningarnas liv kännetecknas av. Meningen med livet ska för Jesu lärjungar istället vara att först och främst söka Guds rike och hans rättfärdighet. I Rom. 14:14 läser vi:

Ty Guds rike består inte i mat och dryck, utan i rättfärdighet, frid och glädje i den Helige Ande.

Jesu lärjungar är kallade att ha samma sinnelag som Jesus.[305] I Joh. 4:34 står det att Jesus förklarade för sina lärjungar att hans mat är att göra hans vilja som har sänt honom. Petrus, Andreas, Jakob och Johannes fick kallelsen att vara människofiskare, istället för vanliga fiskare. *Skörden är*

---

[301] Pred. 2:4–11.
[302] Luk. 12:15-21.
[303] 1 Kor. 15:32.
[304] Luk. 16:19.
[305] Fil. 2:5.

stor, men arbetarna är få![306] Gud vill att så många som möjligt ska bli frälsta ur mörkrets välde och komma in i hans älskade Sons rike.[307] Må vi vara redo att göra det Herren kallar oss till och leva för att sprida evangeliet om Guds rike till alla folk.[308]

Jesus såg i första hand människors andliga nöd och arbetade för att föra de förlorade ur Satans rike och in i sitt rike. Vi är kallade att leva så som han levde.[309] Petrus, Andreas, Jakob och Johannes fick kallelsen att i första hand vara människofiskare och inte vanliga fiskare. Jesus gav dem uppdraget att gå ut och göra alla folk till lärjungar. Detta uppdrag är mycket stort och evangeliet om Guds rike måste predikas för alla folk innan Jesus kommer tillbaka. Miljarder människor lever i fattigdom och i andligt mörker. De behöver få höra om Jesus och bli lärjungar till honom. Hur kan vi då leva för oss själva och samla skatter åt oss här på jorden? Att ha begär efter mer saker än man verkligen behöver är detsamma som att älska världen, vilket leder till att man blir Guds fiende![310]

Av undervisningen i Matt. 6:25-34 får vi också en förståelse av hur stor omsorg Gud har om hela sin skapelse. Han har inte bara skapat världen, utan han uppehåller den och förser allt levande med föda.[311] Samtidigt betonar Jesus att alla människor är oerhört mycket mer värda än djur.[312] Gud låter i sin kärlek sin sol och sitt regn bli till välsignelse för såväl onda som goda människor.[313] Han vill att alla ska omvända sig från sina synder

---

[306] Matt. 9:37.
[307] 1 Tim. 2:4f; Kol. 1:13.
[308] Matt. 24:14.
[309] 1 Kor. 11:1; 1 Joh. 2:6.
[310] Jak. 4:4.
[311] Ps. 104:10–16; Apg. 17:24f
[312] Matt. 12:12.
[313] Matt. 5:45.

och tillbedjan av andra gudar, och istället ha en relation med honom.[314] Det blir därför större glädje i himlen över en enda syndare som omvänder sig än över nittionio rättfärdiga, som inte behöver komma till omvändelse.[315]

Innebär då Jesu undervisning om att inte göra sig bekymmer för mat, dryck och kläder att vi inte alls ska arbeta för att försörja oss själva och/eller våra familjer? Nej, Jesus säger ju inte att vi bara ska söka Guds rike och hans rättfärdighet, utan att vi ska söka dessa först. De flesta kristna är kallade att arbeta för att försörja sig själva och sina familjemedlemmar.[316] Det finns dock sådana som av olika skäl inte är i stånd till att arbeta, till exempel på grund av fysiska handikapp. Sådana personer ska i första hand bli försörjda av sin egen familj och i andra hand, då personen saknar familjemedlemmar som vill försörja dem, ska trossyskon inom församlingen försörja dem.[317] Gud hade förstås kunnat låta manna regna ner från himlen för att försörja sitt folk, men han prövar vår tro och kärlek till varandra genom att ordna omständigheterna så att de som kan arbeta ska dela med sig av sitt överflöd åt dem som inte kan arbeta.[318] Herren vill inte att någon ska leva i överflöd, medan andra saknar mat på bordet, utan att det ska råda ekonomisk jämvikt inom församlingen.[319]

Vidare lär Jesus oss att vi ska vara nöjda med att endast få våra grundläggande fysiska behov tillgodosedda. Nya Testamentet innehåller absolut inga uppmaningar att sträva efter mer än vi verkligen behöver. Till

---

[314] Hes. 18:23; Apg. 17:26-31
[315] Luk. 15:7.
[316] 1 Tim. 5:8; 2 Tess. 3:6-12.
[317] 1 Tim. 5:4f, 16.
[318] Matt. 25:35f; Ef. 4:28; Jak. 1:27; 2:14-17; 1 Joh. 3:17.
[319] 2 Kor. 8:13ff.

skillnad från världens barn ska vi inte söka *köttets begär, ögonens begär och högmod över livets goda.*[320] Vi ska inte köpa dyra kläder, smycken, armbandsur, båtar, fritidshus, lyxiga heminredningsartiklar, och så vidare. Vi bör ha samma inställning i förhållande till världens lockelser som Paulus, som skrev:

Men för min del vill jag aldrig någonsin berömma mig av något annat än av vår Herre Jesus Kristi kors, genom vilket världen är korsfäst för mig och jag för världen.[321]

De som arbetar ska inte göra det för att få en hög levnadsstandard, utan för att försörja sig själva och kunna ge av sitt överskott till dem som behöver ekonomisk hjälp.[322] Varje kristen är kallad att dag för dag förneka sig själv och sina själviska begär, ta upp sitt kors och leva för att tjäna Jesus och evangeliet om honom.[323] Om vi inte gör detta, utan istället lever för pengar, egendomar, mat, dryck, kläder och dylikt, och ägnar större delen av vår tid åt att införskaffa sådana saker, kommer Guds ord bli förkvävt i våra liv.[324] Detta är oerhört allvarligt eftersom Guds ord lär att den som inte tar vara på Guds ord och handlar i enlighet med Ordet, inte kommer att bli frälst.[325]

Den som inte är driven av begär och bekymmer för jordiska ägodelar, utan har lämnat allt för att följa Jesus,[326] har så mycket mer tid att arbeta för Guds rikes utbredning. Herren vill att vi inte lever för oss själva, utan att

---

[320] 1 Joh. 2:16.
[321] Gal. 6:14.
[322] Ef. 4:28; 1 Joh. 3:17
[323] Mark. 8:34f.
[324] Luk. 8:14.
[325] 1 Tim. 6:6ff; Jak. 1:13-22; Upp. 3:1ff.
[326] Luk. 14:33.

vi var och en i första hand söker andras bästa.[327] Hur skulle vi, som genom tron och dopet lagt av den gamla människan med dess begär, och iklätt oss Kristus,[328] kunna med att fortsätta leva för oss själva? Vi vet dock utifrån andra bibelställen och egen erfarenhet att vi har en inre kamp att utföra mellan anden och köttet.[329] Hur ska vi då vinna seger över alla frestelser att leva för oss själva och tillfredsställa våra begär efter pengar, ära och egendomar? Jo, vi måste, precis som Jesus själv, ha vårt fokus på den obeskrivliga glädje i Guds eviga rike som väntar var och en som förnekar sig själv och sina själviska begär.[330] Detta betonades starkt i den tidiga kyrkan:

"Tänk alltså efter: Du får inte skaffa dig mer än det som är alldeles nödvändigt och tillräckligt liksom en som bor i främmande land. ... Märk detta, ni som tjänar Herren och har honom i hjärtat. Utför Guds gärningar, tänk på hans bud och de löften som han gett, och tro på honom att han skall uppfylla dem om ni håller hans bud. Istället för att förvärva mark ska ni friköpa nödställda allt efter förmåga, besöka änkor och värnlösa och inte förakta dem. Använd all er rikedom och förmögenhet som ni har tagit emot från Gud till sådan mark och sådana hus. Ty Herren har låtit er bli rika för att ni skall göra sådana tjänster åt honom. Det är mycket bättre att köpa sådana tomter, egendomar och hus, som du kommer att återfinna i din egen stad,[331] när du måste fly över till den."[332]

---

[327] 1 Kor. 10:24.

[328] Ef. 4:22; Gal. 3:27.

[329] Gal. 5:17ff; 6:7ff.

[330] Kol. 3:1ff; Hebr. 12:1ff.

[331] Det himmelska Jerusalem, Upp. 21:9–27.

[332] *Hermas Herden* (ca. år 150), citatet hämtat i boken *DE APOSTOLISKA FÄDERNA*, s. 271.

Matt. 7:1–6 – Fäll inga orätta domar

Döm inte, så blir ni inte dömda. Med den dom ni dömer med ska ni dömas, och med det mått ni mäter med ska det mätas upp åt er. Varför ser du flisan i din broders öga men märker inte bjälken i ditt eget öga? Och hur kan du säga till din broder: Låt mig ta bort flisan ur ditt öga, när du har en bjälke i ditt eget öga? Hycklare, ta först bort bjälken ur ditt eget öga, så ser du klart nog för att ta ut flisan ur din broders öga. Ge inte det heliga åt hundarna och kasta inte era pärlor för svinen. De trampar dem under sina fötter och vänder sig om och sliter sönder er.

Vad innebär egentligen Jesu undervisning om att vi inte ska döma? Utgör den ett förbud mot all form av förmaning och tillrättavisning? Av andra texter i Nya testamentet är det uppenbart att Jesus inte menar att vi inte får lov att i kärlek förmana en kristen broder då man upptäcker en synd i dennes liv. Vi kan istället hitta många befallningar om att förmana bröder (eller systrar) som lever i olydnad gentemot Guds ord.[333] Längre fram i Matteus evangelium har vi en väldigt viktig undervisning från Jesus om församlingsdisciplin.[334] Där säger Jesus tydligt och klart att vi ska tillrättavisa en broder som syndar mot oss. Om han eller hon inte omvänder sig efter tre tillrättavisningar, den sista inför hela församlingen, ska personen helt uteslutas ur församlingen och inte längre räknas som kristen! Därför kan inte Jesu undervisning om att inte döma innebära att vi inte kan förmana eller tillrättavisa andra då det är angeläget.

För att rätt förstå Jesu undervisning om att inte döma, för att vi inte själva ska bli dömda, behöver vi förstå liknelsen om flisan och bjälken som han använder sig av. Vi har tidigare sett att Jesus i sin Bergspredikan förklarar

---

[333] Rom. 15:14; Gal. 6:1; 2 Tess. 3:14f
[334] Matt. 18:15-18.

100

att hans lärjungars rättfärdighet på olika sätt behöver övergå de skriftlärdas och fariséernas rättfärdighet. Jesu lärjungar ska till exempel inte utföra sina fromma gärningar, såsom bön och givande allmosor, i syfte att få beröm för sin fromhet av andra människor. Detta gjorde ju fariséerna. Därför är det troligt att Jesus i sin undervisning om att inte döma vänder sig emot den typ av kärlekslösa dömande av människor som fariséerna ägnade sig åt. Dessa var noggranna med att hålla olika detaljer i Mose lag, plus detaljerade applikationer av Mose lag som deras föregångare utarbetat.[335] Samtidigt var de dock inte medvetna om sina hårda hjärtans inre ondska och kärlekslöshet. De ansåg att de själva var rättfärdiga och föraktade andra, som de såg som värre syndare.[336] De såg alltså inte "bjälken" i sitt eget öga. Vad Jesus alltså vänder sig emot är att man dömer andra på ett självrättfärdigt sätt. Man är stolt över sin egen andliga nivå, men är blind för egen synd såsom högmod och obarmhärtighet.

Ett annat sätt på vilket man kan döma på ett hårt och fariseiskt vis är då man är överdrivet fokuserad vid yttre och mindre centrala bud, på bekostnad av viktigare bud. Man bör till exempel inte vara snar med att anse att någon är oandlig enbart på grund av att personen har ett smycke på sig eller är sminkad. Personen ifråga kan helt enkelt ha bristande förståelse av mindre viktiga frågor, men ändå ha en brinnande tro på Jesus, som tar sig uttryck i goda gärningar mot andra människor. Det är alltså fel att kategoriskt döma kristna män med långt hår och kristna kvinnor med kort hår.[337] Jesus förklarar ju i Joh. 7:24 att man inte ska döma efter skenet, utan fälla rätta domar. Det är också fel att anse att någon som har lite oanständiga kläder och/eller smycken är utanför Guds rike. Detta är

---

[335] De så kallade äldstes stadgar, se till exempel Matt. 15:2.
[336] Luk. 18:9–14.
[337] 1 Kor. 11:14f.

särskilt viktigt att tänka på om personen visar prov på att tala det som är gott och praktiserar goda gärningar.[338]

En annan vers som kan belysa Jesu undervisning om att inte döma är denna:

Därför är du utan ursäkt, du människa, vem du än är som dömer. När du dömer en annan fördömer du dig själv, eftersom du som dömer handlar på samma sätt.[339]

Denna vers tydliggör att den som dömer en annan för en viss synd, samtidigt som denne själv har problem med samma synd, fördömer sig själv. Om man har tänkt tillrättavisa någon för en viss synd, måste man ärligt rannsaka sig själv för att förvissa sig om att man inte själv lever i samma synd. Den som, exempelvis, har tänkt förmana någon som verkar vara ovillig att förlåta någon, får inte själv ha ett oförlåtande sinnelag gentemot någon annan.

När man känner sig manad att förmana en broder eller en syster behöver man i ödmjukhet be om Guds vishet och Andens ledning. All förmaning måste dessutom vara grundad i uppriktig kärlek till den felande brodern eller systern.[340] Man får heller inte drivas av stolthet och ha en överlägsen attityd gentemot den man har tänkt förmana. Syftet med förmaningen ska enbart vara att hjälpa personen att bli mer lik Jesus, genom att växa till i lydnad gentemot honom. Vi bör också vara medvetna om att ingen nyomvänd kristen har uppnått samma grad av helgelse som dem som har haft en nära relation med Herren i flera år. Därför är det viktigt att inte vara för snar med att döma dem som är nya i tron. Det är också viktigt att

---

[338] Matt. 12:33-37.
[339] Rom. 2:1.
[340] 1 Tim. 1:5.

inte döma andra kristna som inte har samma förståelse av vissa ämnen i Bibeln, till exempel synen på predestinationen eller dopets innebörd. I vår tid råder det en enorm förvirring och uppsplittring av kristenheten i olika kyrkor och samfund till följd av olika tolkningar av Skriften. De flesta kristna är tyvärr mycket påverkade av de läror som det samfund de växte upp i betonar, eller som samfundet de blev omvända och döpta i har. En del anammar kalvinismen eftersom reformerta predikanter ofta är mer bibeltrogna i många frågor än andra kristna, i synnerhet här i Sverige. Istället för att utdöma andra kristna som heretiker, kan man i kärlek vägleda dem till information om den ursprungliga kristna tron.[341] Paulus visade prov på det rätta sinnelaget i 1 Tess. 3:10:

" Natt och dag ber vi med stor iver om att få se era ansikten och hjälpa er med det som brister i er tro. "

Vad innebär det att inte kasta pärlor för svin?

Jesu ord om att inte man inte ska kasta pärlor för svin i Matt. 7:6 kan tyckas svåra att förstå, men genom att använda oss av resten av Skriften kan vi få en klarare förståelse av hans liknelse:

Den som tillrättavisar en hånare får ta emot hån, den som förmanar en gudlös får förakt.[342]

När ni kommer in i en stad eller by, ta då reda på vem som är värdig och stanna där tills ni går vidare. Och när ni kommer in i ett hus, så hälsa det. Om huset är värdigt ska er frid vila över det, men är det inte

---

[341] Bra böcker att börja med är" Will The Real Heretics Please Stand Up," av Bercot D. och" A DICTIONARY of EARLY CHRISTIAN BELIEFS," red. Bercot D. På svenska rekommenderas *DE APOSTOLISKA FÄDERNA,* övers. Andrén O. och Beskow P. En bra hemsida på svenska om den tidiga kyrkans tro och liv är, www.denapostoliskatron.se
[342] Ords. 9:7.

värdigt ska er frid återvända till er. Och om man inte tar emot er eller lyssnar till era ord, så lämna det huset eller den staden och skaka av dammet från era fötter.[343]

Man ska alltså inte fortsätta försöka dela Guds ord med dem som vägrar lyssna. Efter att Paulus och Barnabas hade förkunnat evangeliet i synagogan i Antiokia i Pisidien, sa Paulus följande ord till de judar som inte tog emot evangeliet:

"Guds ord måste först förkunnas för er. Men när ni avvisar det och inte anser er värdiga det eviga livet, då vänder vi oss till hedningarna."[344]

I den tidiga kyrkan tillämpades också Jesu undervisning om att inte kasta pärlor för svin på nattvarden och dopet. Man var alltså väldigt noga med att förvissa sig om att de som blev döpte verkligen var redo för det, och man gav bara nattvarden till dem som hade blivit döpta. Var och en som döps behöver ha kommit till sann tro på att Jesus är Herren och Frälsaren, ha omvänt sig från alla sina synder, samt förstå vad det innebär att följa honom i livet.[345]

---

[343] Matt. 10:11-14.
[344] Apg. 13:46.
[345] Se sidorna 332-336 i *EARLY CHRISTIAN COMMENTARY of the SERMON on the* Mount.

Matt. 7:7–12 – Vikten av intensiv bön och att leva efter kärlekens lag

Be, och ni ska få. Sök, och ni ska finna. Bulta, och dörren ska öppnas för er. För var och en som ber, han får, och den som söker, han finner, och för den som bultar ska dörren öppnas. Vem av er ger sin son en sten när han ber om bröd? Eller en orm när han ber om fisk? Om nu ni som är onda förstår att ge goda gåvor till era barn, hur mycket mer ska då inte er Far i himlen ge det som är gott till dem som ber honom? Alltså: allt vad ni vill att människorna ska göra för er, det ska ni också göra för dem. Detta är lagen och profeterna.

Detta är ett underbart löfte om bönhörelse som Jesus ger! Tänk att Gud endast vill ge det som är gott åt sina barn! Men, till vilka riktar Jesus detta löfte om bönhörelse? Just det, han riktar det till sina lärjungar.[346] Det är lärjungarna han prisar saliga i inledningen av Bergspredikan. De är ödmjuka inför Herren och inser sitt totala beroende av Guds nåd. De har vänt om från alla sina synder och hungrar och törstar efter att leva rättfärdigt. De har ett odelat och rent hjärta inför Gud, och vill helt och hållet leva för honom och hans rike. Vidare har de lämnat allt för att följa Jesus.[347] Nu lever de inte för sina egna begär och ambitioner, utan för att göra Guds vilja med deras liv.[348] Det är mot denna bakgrund vi bör förstå Jesu undervisning om bön. Hans lärjungar ber inte om mycket pengar för egen lyxkonsumtion eller om hus, bilar eller andra egendomar.

I Nya Testamentet har vi exempel på felaktig typ av bön, nämligen bön för att få begär efter njutningar tillgodosedda:

---

[346] Matt. 5:1.
[347] Matt. 19:27.
[348] Matt. 12:49f; 2 Kor. 5:14f; Gal. 5:24.

Ni ber men får inget, därför att ni ber illa – för att slösa bort det på era njutningar.[349]

Gud svarar inte på böner vi ber drivna av själviska begär. De böner som är välbehagliga inför Gud är de böner vi ber drivna av kärlek till Gud och med våra medmänniskors bästa för ögonen. Det Gud vill ge oss är nåd och kraft att kunna leva liv som kännetecknas av goda gärningar, samt den helige Andes kraft att frimodigt vittna om Jesus inför andra. Gud vill också använda sin församling till att bota sjuka, göra kraftgärningar och driva ut onda andar ur människor.[350] När vi ber om saker som är efter Guds vilja, angående Guds rike och dess utbredning till fler människor, har vi fantastiska löften om bönesvar.[351]

Gud vill uppfylla sitt folk med den helige Ande, för att vi ska få kraft till att vara Jesu vittnen i hela världen.[352] Gud vill föra så många människor som möjligt ut mörkrets välde och in i sin älskade Sons rike.[353] Evangeliet om Guds rike och dess konung Jesus Kristi avgörande seger över synden, döden och djävulen genom sin död på korset och sin uppståndelse, är det budskap som utgör Guds kraft till frälsning för var och en som tror.[354] För att människor ska kunna komma till tro är det dock nödvändigt att de får möjlighet att höra evangeliet predikas.[355] Därför behöver vi be Gud resa upp fler arbetare som kan föra ut evangeliet över hela jorden, och även be för dem som redan verkar i tjänst som evangelister och missionärer.[356] Dessutom behöver vi själva vara redo att när som helst vittna för

---

[349] Jak. 4:3.
[350] Matt. 10:8; Mark. 16:17f; 1 Kor. 12:4–11.
[351] Luk. 11:13; 1 Joh. 5:14f.
[352] Apg. 1:8; 4:29ff.
[353] Kol. 1:13; 1 Tim. 2:4ff; Apg. 17:30.
[354] Rom. 1:16; Gal. 1:3f; Kol. 2:13ff; Hebr. 2:14ff.
[355] Rom. 10:14f.
[356] Matt. 9:37f; Ef. 6:18ff; Kol. 4:2ff.

människor om hoppet om evigt liv genom tron på Jesus Kristus.[357] För att kunna göra detta behöver vi vara glada i hoppet, tåliga i lidandet då människor hånar oss på grund av vår tro på Jesus, samt vara uthålliga i att be om mer av den helige Andes kraft och rätt ord att dela med människor vi vittnar för.[358] Det är givetvis också oerhört viktigt att be att alla som tillhör Jesus ska bli enade och ingå i bibliska församlingar, i vilka varje medlem är aktiv och tjänar resten av kroppen. Enligt en av Jesu egna böner till Fadern så är det nödvändigt att Jesu lärjungar älskar varandra, är enade och samarbetar med varandra för att de som tillhör världen ska kunna bli vunna för Guds rike.[359]

Jesus betonar också hur viktigt det är att vara uthållig i bön och inte ge upp om bönesvaret inte kommer snabbt. Gud prövar vår tro och hur angelägna vi verkligen är att få det vi ber om.[360] Patrick, som Gud på 400-talet använde för att föra evangeliet till det barbariska Irland, fick som ung lära sig att be uthålligt. Som tonåring blev han tillfångatagen av irländska rövare, förd från Britannien till Irland och gjordes till slav där. Patrick fick i ur och skur valla får året om, men han bestämde sig för att be och söka Gud medan han arbetade. Det gjorde han såväl dag som natt. Han kunde, enligt sitt eget vittnesbörd, be upp emot 100 gånger om dagen och nästan lika många gånger om natten. Under sex års tid kom han på så sätt mycket nära Gud och hans tro och kärlek till Gud blev starkare och starkare. Till slut fick Patrick sitt bönesvar och Gud ledde honom på ett mirakulöst sätt ur slaveriet och tillbaka till Britannien.[361] Man kan säga att han genom denna långa prövning lärde sig det som lade grunden för hans kommande

---

[357] 1 Petr. 3:15f
[358] Rom. 12:12; Matt. 10:18ff.
[359] Joh. 13:34f; 17:20ff.
[360] Luk. 18:1–8.
[361] För att fördjupa sig i Patricks liv enligt hans egna bok *Confessio*, kan man använda biografin *St Patrick*, av Thomas O' Loughlin (1999).

framgångsrika tjänst som missionär, bland annat irländarnas språk. Jakob skriver:

Räkna det som ren glädje, mina bröder, när ni råkar ut för olika slags prövningar. Ni vet ju att när er tro prövas ger det uthållighet. Och låt uthålligheten leda till fulländad gärning, så att ni är fullkomliga och hela, utan brist på något sätt. ... Salig är den som håller ut i prövningen, för när han har bestått provet ska han få livets krona som Gud har lovat dem som älskar honom.[362]

Den gyllene regeln

Matt. 7:12 brukar kallas "den gyllene regeln. Men, vad menar egentligen Jesus med orden *Allt vad ni vill att människorna ska göra för er, det ska ni också göra för dem. Detta är lagen och profeterna?* Versen avslutar Bergspredikans långa huvuddel, bestående av befallningar och instruktioner. Matt. 5:17 inledde densamma:

Tro inte att jag har kommit för att upphäva lagen eller profeterna. Jag har inte kommit för att upphäva utan för att uppfylla.

Notera att både Matt. 5:17 och 7:12 innehåller nyckelorden lagen och profeterna. Därigenom inramas Jesus hela undervisning mellan de båda verserna. Från början hade Bibeln vare sig kapitel- eller versindelning och därför användes andra metoder för att avgränsa olika avsnitt i en bok. Här har vi ett exempel på ett så kallat inklusio. Jesus förklarar alltså att hans undervisning i Bergspredikan inte är i strid med lagen och profeterna, det vill säga Gamla testamentets heliga skrifter,[363] utan utgör en perfekt utläggning av vad Lagens och profeternas kärnbudskap är. Gamla

---

[362] Jak. 1:2–4, 12.
[363] Matt. 22:34-40; Luk. 24:44f.

Testamentets främsta budskap är att vi ska älska Gud över allt annat och alla andra människor lika mycket som man älskar sig själv. Den som, genom tron och den helige Andes kraft, lever i lydnad gentemot Jesu befallningar i Bergspredikan, uppfyller samtidigt också hela lagen.[364] I Gal. 5:14 skriver Paulus:

Hela lagen uppfylls i ett enda budord: Du ska älska din nästa som dig själv.

Jesu befallningar i Bergspredikan utgör egentligen bara tillämpningar av budet att älska sin nästa som sig själv. Om vi älskar alla människor vi har att göra med kommer vi inte att hata dem, förolämpa dem, se med begär på dem eller skilja oss och gifta om oss. Vi kommer också alltid tala sanning, utan att behöva svära eder för att bekräfta att vi talar sanning. Vi kommer till och med kunna övervinna den som är ond med fredliga medel istället för med fysiskt våld, älska våra fiender och göra dem gott, be, fasta och göra goda gärningar enbart i syfte att ära Gud och hjälpa dem som lider nöd. Dessutom kommer vi kunna övervinna all form av girighet och endast tjäna Gud och Guds rike med våra pengar och egendomar, inte döma efter skenet och be uthålligt för saker som rör människors frälsning och Guds rikes utbredning.

---

[364] Rom. 3:31; 13:10.

Matt. 7:13-14 – Den breda respektive smala vägen

Gå in genom den trånga porten. Den port är vid och den väg är bred som leder till fördärvet, och det är många som går in genom den. Men den port är trång och den väg är smal som leder till livet, och det är få som finner den.

O, hur viktigt det är att gå in genom den trånga porten och vandra den smala vägen under resten av livet! Den som inte gör det kommer inte att få ärva det eviga livet, utan får istället smaka Guds vredesdom på den yttersta dagen.[365] Därför är det av största vikt att var och en av oss förvissar sig om att man verkligen har kommit igenom den trånga porten och vandrar den smala vägen. Vad är då skillnaden mellan den breda respektive den smala vägen? I Bibeln finns väldigt mycket undervisning som kan hjälpa oss att svara på den frågan. Vi kan inte beröra alla relevanta texter, men en central text är Psaltaren 1:

Salig är den som inte följer de gudlösas råd, som inte går in på syndares väg och sitter bland föraktare, utan har sin glädje i Herrens undervisning och begrundar hans ord både dag och natt. Han är som ett träd, planterat vid vattenbäckar, som bär sin frukt i rätt tid och vars löv inte vissnar. Och allt han gör, det lyckas väl. Sådana är inte de gudlösa, de är som agnar som skingras för vinden. Därför ska inte de gudlösa bestå vid domen, inte syndarna i de rättfärdigas församling. Herren känner de rättfärdigas väg, men de gudlösas väg leder till fördärvet.

Notera att denna psalm, som delger hela Psaltarens tema, avslutas med konstaterandet att Herren känner de rättfärdigas väg, medan de

---

[365] Matt. 25:46; Joh. 3:36; 5:28f; 2 Tess. 1:7ff m fl.

ogudaktigas väg leder till fördärvet. De rättfärdigas väg kännetecknas av att de avhåller sig från all slags ondska,[366] för att istället leva i enlighet med Guds ords undervisning. Psaltarens längsta psalm, Ps. 119, innehåller mycket viktig undervisning om skillnaden mellan den breda respektive den smala vägen. Ett viktigt stycke är verserna 9–11:

Hur kan den som är ung hålla sitt liv rent? Genom att hålla sig till ditt ord. Jag söker dig av hela mitt hjärta. Låt mig inte villas bort från dina bud. Jag gömmer ditt ord i mitt hjärta för att jag inte ska synda mot dig.

Den som tillhör Gud och älskar honom kommer att vilja leva i enlighet med Guds bud.[367] Guds barn fruktar Herren, underordnar sig honom och tjänar honom på alla livets områden. De ogudaktiga, däremot, lever för sig själva och låter inte Guds ord vara rättesnöret för hur de uppfostrar sina barn, vad de ägnar sin fritid åt, vad de använder sina pengar till och så vidare. Den smala vägen utgör korsets väg och består av kamp och lidande i en andlig strid emot köttet, världen och djävulen.[368] De som tillhör Jesus behöver därför dag för dag ta sina kors på sig och följa Jesus.[369] Vår gamla människa och dess syndiga begär, behöver dagligen dödas genom Andens kraft, för att den nya människan, som skapats till likhet med Gud, ska kunna träda fram mer och mer.[370] Denna vandring på den smala vägen börjar då du genom den nya födelsen kommer igenom den trånga porten. Innan vi fördjupar oss ytterligare i vad den smala vägen kännetecknas av behöver vi därför förvissa oss om att vi verkligen har

---

[366] Ps. 119:101; 1 Tess. 5:22.
[367] Joh. 8:47; 14:21, 23; 1 Joh. 5:1ff.
[368] Apg. 14:22; Rom. 8:12f; Gal. 5:16ff; Fil. 1:29f; Jak. 4:4–7; 1 Petr. 5:8f.
[369] Luk. 9:23.
[370] Ef. 4:22ff; Jak. 1:21-25; 2 Petr. 1:3–11.

kommit igenom den trånga porten genom att bli födda på nytt. Därför ska vi se närmare på vad Bibeln säger om hur man blir född på nytt.

Pånyttfödelsen av vatten och Ande

Mycket har under de senaste århundradena sagts och skrivits om hur man blir född på nytt. Trots att läran om pånyttfödelsen tillhör grunderna i den kristna tron, råder det inom kristenheten stor förvirring angående hur man blir född på nytt. Blir man född på nytt genom att döpas som bebis? Sker den nya födelsen samtidigt som man kommer till tro? Eller, måste Gud föda en människa på nytt för att man överhuvudtaget ska kunna tro evangeliet? Jag själv har haft fel angående den här frågan och det tog ett bra tag innan jag kunde smälta vad den apostoliska läran om denna fråga verkligen är. Jesus förklarade för farisén Nikodemus hur var och en måste födas på nytt:

"Jag säger dig sanningen: Den som inte blir född av vatten och Ande kan inte komma in i Guds rike."[371]

Vad tänker du först på då du hör orden "vatten och Ande." En predikant har berättat att han en gång, då han var väldigt ung, genast tänkte på dopet då han själv fick frågan vad han trodde att född av vatten och Ande innebär. Rörelsen han ingick i tillät dock inte folk att förstå "vatten och Ande" bokstavligt. Själv skrev jag år 2015 en hel uppsats om varför att bli "född av vatten och Ande" inte kan syfta på dopet. Redan då läste jag om hur de tidiga kristna förstod Jesu ord. Samtliga skrev att födelse av vatten och Ande syftar på det kristna dopet. I min arrogans förkastade jag emellertid deras vittnesbörd. Vi behöver alla vara ödmjuka och öppna för att ändra syn angående lärofrågor. Ingen av oss har en perfekt

---

[371] Joh. 3:5.

112

uppenbarelse om allt i dagsläget. Låt oss se vad det var som hände då Jesus själv blev döpt i floden Jordan av Johannes Döparen:

När Jesus hade blivit döpt, steg han genast upp ur vattnet. Då öppnades himlen, och han såg Guds Ande sänka sig ner som en duva och komma över honom.[372] Och en röst från himlen sade: "Han är min älskade Son. I honom har jag min glädje."

Vi kan klart och tydligt läsa att Jesus blev uppfylld av Anden precis efter att han blivit döpt. Det framgår också att Fadern samtidigt tillkännagav att Jesus är hans älskade Son. Jesus behövde givetvis inte själv bli född på nytt, eller bli Guds Son, men genom sitt exempel har han visat hur var och en kommer in i Guds rike och blir ett Guds barn. De tidiga kristna hade ingen komplicerad systematisk teologi, utan de förstod Jesu och apostlarnas undervisning om dopet och andra frågor bokstavligen. Vad står det om dopet på andra ställen i Nya Testamentet? Låt oss se efter:

Då trädde Jesus fram och talade till dem och sade: "Åt mig har getts all makt i himlen och på jorden. Gå därför ut och gör alla folk till lärjungar! Döp dem i Faderns och Sonens och den helige Andes namn och lär dem att hålla allt som jag befallt er. Och se, jag är med er alla dagar till tidens slut."

"Omvänd er och låt er alla döpas i Jesu Kristi namn, så att era synder blir förlåtna. Då får ni den helige Ande som gåva. ... De som tog emot hans ord döptes, och antalet lärjungar ökade den dagen med omkring tre tusen."[373]

---

[372] Matt. 3:16f.
[373] Apg. 2:38, 41.

*" Och nu, vad väntar du på? Res dig och låt dig döpas och tvättas ren
från dina synder och åkalla hans namn.*[374]

*Eller vet ni inte att alla vi som är döpta till Kristus Jesus är döpta till
hans död? Vi är begravda med honom genom dopet till döden för att
leva det nya livet, liksom Kristus är uppväckt från de döda genom
Faderns härlighet. För om vi är förenade med honom i en död som
hans, ska vi också vara det i en uppståndelse som hans.*[375]

*Alla är ni Guds barn genom tron på Kristus Jesus. Alla ni som blivit
döpta till Kristus har iklätt er Kristus.*[376]

*I honom blev ni också omskurna, inte med människohand utan med
Kristi omskärelse, när ni avkläddes er syndiga natur och begravdes
med honom i dopet. I dopet blev ni också uppväckta med honom genom
tron på Guds kraft, han som uppväckte honom från de döda.*[377]

*Vi har en stor överstepräst över Guds hus. Låt oss därför gå fram med
ärligt hjärta i trons fulla visshet, med hjärtat renat från ont samvete
och med kroppen badad i rent vatten.*[378]

*Efter denna förebild [Noas ark och syndaflodens vatten] blir också vi
nu frälsta i dopet, som inte innebär ett avläggande av köttets orenhet,
utan en bön till Gud om ett gott samvete, genom Jesu Kristi
uppståndelse.*[379]

---

[374] Apg. 22:16.
[375] Rom. 6:3–5.
[376] Gal. 3:26f.
[377] Kol. 2:11f.
[378] Hebr. 10:21f.
[379] 1 Petr. 3:21.

114

Om vi försöker förstå vad dessa ställen om dopet verkligen säger, utan påverkan ifrån vad vi tidigare har lärt oss om dopet, så ser vi några viktiga saker:

1. Genom dopet blir man förlåten och tvättad ren ifrån sina synder.
2. Vi blir frälsta och får ett renat (och gott) samvete.
3. I samband med dopet får man den helige Ande som gåva.
4. Ens gamla människa med dess syndiga begär blir begraven med Kristus och en ny (pånyttfödd) människa uppstår, för att man ska kunna leva ett nytt liv i Jesu efterföljd.
5. Vi blir iklädda Kristus.
6. Dopet utförs i Faderns, Sonens och den helige Andes namn, och är till för dem som vill bli Jesu lärjungar.

Detta är Skriftens ofelbara undervisning om dopets innebörd och betydelse, som överensstämmer med Jesu undervisning om att var och en behöver bli född av vatten och Ande för att komma in i Guds rike. Men, står det inte också att man blir född på nytt genom Guds ord, då det blir predikat? Jo, Petrus och Jakob skriver nämligen:

Ni är ju födda på nytt, inte av en förgänglig säd utan av en oförgänglig, genom Guds levande ord som består. Allt kött är som gräs, och all dess härlighet som blomman i gräset. Gräset vissnar och blomman faller av, men Herrens ord består för evigt. Detta är det ord som har förkunnats för er.[380]

I kraft av sin vilja har han fött oss på nytt genom sanningens ord till att vara en förstlingsfrukt bland dem han har skapat.[381]

---

[380] 1 Petr. 1:23ff.
[381] Jak. 1:18.

Det är visserligen sant att Guds ord föder på nytt, men är det rätt att använda det som argument för att avvisa allt som Skriften lär om dopet? Vår lära ska vara baserad på vad Bibeln lär i sin helhet och därför behöver vi harmoniera undervisningen om att bli född på nytt genom Guds ord med Jesu undervisning om att bli född av vatten och Ande. Om vi läser alla texterna om dopet igen så ser vi att förutsättningen för att dopet ska kunna ha någon effekt är att den som döps har kommit till tro på evangeliet. Utan hjärtats tro på Jesu död och uppståndelse, och munnens bekännelse att han är Herre, blir man inte född på nytt i dopet.[382] Den som har en äkta tro kommer också att uppriktigt vända om ifrån alla sina synder och bestämma sig för att inte mer leva i någon synd.

En förutsättning för att en äkta omvändelse ska kunna äga rum är att man har uppnått en ålder då man har kunskap om skillnaden mellan gott och ont och har begått personliga synder. Annars kan man ju inte bli överbevisad om synd och förstå att man behöver bli renad från ett ont samvete genom dopet. Enligt Skriftens eget vittnesbörd kan dessa saker inte tillämpas på barn, vilket innebär att de inte kan döpas till syndernas förlåtelse.[383] Barn kan ej heller beräkna kostnaden för att följa Jesus som hans lärjungar. Är ett muslimskt barn, till exempel, redo att ta avstånd från sina föräldrars tro för att följa Jesus och lida martyrdöden? De som lämnar islam riskerar nämligen att bli dödade. Då det i Apostlagärningarna specificeras vilka som kom till tro, bestämde sig för att bli Jesu lärjungar, döptes och utstod förföljelse på grund av sin tro, nämns bara män och kvinnor.[384]

---

[382] Apg. 15:9; Rom. 10:9; Ef. 1:13f.
[383] 4 Mos. 32:11f; 5 Mos. 1:39; Jes. 7:15f; Rom. 7:7–11; 1 Kor. 14:20; Hebr. 5:12-14.
[384] Apg. 2:41-47; 5:14; 8:3, 12; 17:12; 22:4.

Den kristnes ökenvandring på den smala vägen

Nya Testamentet är fullt av exempel på att varje pånyttfödd kristen har en kamp att utkämpa på den här jorden innan man nå det himmelska Kanaan. I 1 Korintierbrevet beskriver Paulus hur Israels folks ökenvandring under Mose tid utgör en förebild för Guds folks vandring som lärjungar till Jesus i den här onda världen.[385] Tåget genom Röda havet är en förebild på det kristna dopet, som för oss ur världen och slaveriet under synden och djävulen. Mannat som Israels folk fick äta i öknen utgör en symbol för Jesus, som är det levande brödet.[386] Klippan som förmedlade vatten i öknen utgör en symbol för Jesus Kristus och hans givande av det levande vattnet, alltså den helige Ande.[387] Alla kristna är beroende av att varje dag äta Guds Ord[388] och dricka av Anden för att ha den andliga kraft som behövs för att orka ta sig igenom vandringen på den smala vägen ända till slutet. De kristna som verkligen följer Jesus utsätts ständigt för frestelser till synd och får genomlida prövningar och förföljelse på grund av sin tro.[389] För att vi inte ska tappa modet har vi av Gud fått ett underbart löfte:

Ingen annan frestelse har drabbat er än vad människor får möta. Och Gud är trofast, han ska inte tillåta att ni frestas över er förmåga. Samtidigt med frestelsen kommer han också att ge en utväg, så att ni kan härda ut.[390]

Låt oss nu se närmare på en viktig och skrämmande sanning om den smala respektive den breda vägen. Det finns många bekännande kristna som tror

---

[385] 1 Kor. 10:1–13.
[386] Joh. 6:48ff.
[387] Joh. 4:10-14; 7:37-39.
[388] Det vill säga ha en daglig gemenskap med Jesus, som är Ordet (Joh. 1:1ff), och ta del av hans undervisning (Joh. 6:63; 10:27).
[389] Matt. 5:10ff; Joh. 16:33; 2 Tim. 3:12.
[390] 1 Kor. 10:13.

att de befinner sig på den smala vägen till det eviga livet. På den yttersta dagen kommer de emellertid att få höra Jesus säga dessa fruktansvärda ord till dem: *Jag säger er, jag känner er inte, varifrån är ni? Gå bort ifrån mig, alla ni arbetare i orättfärdighetens tjänst.*[391] En annan gång sa Jesus att han på den yttersta dagen ska sända ut sina änglar och samla upp ur sitt rike alla som förleder andra till synd och som själva lever i laglöshet. Dessa ska kastas i den brinnande ugnen, i vilken de ska gråta och skära tänder.[392] Jesus uppenbarar alltså att folk som varit inne i hans rike, alltså varit födda på nytt,[393] till slut kommer att gå miste om det eviga livet till följd av sin laglöshet, det vill säga olydnad av hans bud.

Vad är det då som kännetecknar de som verkligen vandrar den smala vägen? Jesus säger det om och om igen i de fyra evangelierna och i Uppenbarelseboken. Det är de som följer Jesus i sina liv, genom att ta vara på och lyda hans undervisning, som vandrar den smala vägen.[394] Att vandra den smala vägen innebär att man förnekar sig själv och sina begär efter ära, respekt, rikedom, makt med mera, för att istället leva för att tjäna andra människors andliga och fysiska behov.

De som tillhör Jesus Kristus har korsfäst sitt kött med dess lustar och begär, och strävar efter att leva så som Jesus levde.[395] Jesus levde inte i något avseende för att tillfredsställa sig själv, utan det han blev tillfredsställd av var att alltid göra sin Faders vilja.[396] Han, som innehar gudomlig makt och härlighet, avstod från allt detta då han blev människa,

---

[391] Luk. 13:27 (SRB 2016).
[392] Matt. 13:41f.
[393] Joh. 3:5; Kol. 1:13.
[394] Matt. 7:24f; 13:23; Mark. 8:34-38; Luk. 8:21; 11:28; Joh. 5:24; 6:68f; 8:31f, 51; 10:27; 14;21, 23; 15:10; Upp. 3:10; 12:17; 14:12f.
[395] Gal. 5:24; 1 Joh. 2:6.
[396] Joh. 4:34; 17:4.

en ödmjuk och lidande tjänare. Jesus lärde sig till och med lydnad genom allt lidande han gick igenom för mänsklighetens skull.[397] Genom sitt eget tjänande, lidande och övervinnande av ondskan, genom att ge sitt eget liv som lösepenning för att friköpa mänskligheten ur djävulens makt, gav Jesus sig själv som ett exempel att följa för alla som vill vara hans lärjungar.[398]

Ett mycket känt och viktigt påstående från Jesu mun är:

"Jag är världens ljus. Den som följer mig ska inte vandra i mörkret utan ha livets ljus.[399]

Jesus är det enda ljus som kan rädda oss från mörkrets välde. Han är vägen, sanningen och livet och det är bara genom att tro på honom och följa honom i våra liv som vi kan få del av det eviga livet.[400] På ett annat ställe förklarar Jesus att de som gör det onda hatar ljuset, medan de som lyder sanningen kommer till ljuset för att det ska uppenbaras att deras gärningar är gjorda i Gud.[401] Jesus kom för att genom sin död för alla människors synder, befria oss var och en från satans makt och slaveriet under synden.[402] De som verkligen blivit födda på nytt genom tron och dopet, vill leva för Gud och, genom Andens och hans nåds fostrande kraft, sluta synda och istället leva rättfärdigt på alla livets områden.[403] Guds ord gör det dock klart att det inte alls är säkert att den som en gång blivit född

---

[397] Fil. 2:6ff; Hebr. 5:7f.
[398] Mark. 10:42-45; 1 Petr. 2:20-24; Joh. 13:13ff; 15:12ff; 1 Kor. 10:31-11:1; Ef. 5:1f.
[399] Joh. 8:12.
[400] Joh. 14:16; 12:25f.
[401] Joh. 3:20f; 1 Joh. 1:7f; 3:21-24.
[402] Joh. 8:34-36; 1 Tim. 2:5f; 4:10; 1 Joh. 3:5–8.
[403] Rom. 6:22; Tit. 2:12-14; 2 Tim. 2:19ff; 1 Joh. 3:3ff m fl.

på nytt, och påbörjat vandringen på trons smala väg, kommer att förbli i Kristus och nå fram till det eviga livet. Några exempel är dessa:[404]

Jag är den sanna vinstocken, och min Far är vinodlaren. Varje gren i mig som inte bär frukt tar han bort, och varje gren som bär frukt rensar han så att den bär mer frukt. Ni är redan nu rena i kraft av ordet som jag har talat till er. Förbli i mig, så förblir jag i er. Liksom grenen inte kan bära frukt av sig själv om den inte förblir i vinstocken, så kan inte heller ni det om ni inte förblir i mig. Jag är vinstocken, ni är grenarna. Om någon förblir i mig och jag i honom, så bär han rik frukt. Utan mig kan ni ingenting göra. Om någon inte förblir i mig, kastas han ut som en gren och vissnar. Sådana grenar samlar man ihop och kastar i elden, och de bränns upp. Om ni förblir i mig och mina ord förblir i er, så be om vad ni vill och ni ska få det. Min Far förhärligas när ni bär rik frukt och blir mina lärjungar. Så som Fadern har älskat mig, så har jag älskat er. Bli kvar i min kärlek. Om ni håller mina bud blir ni kvar i min kärlek, liksom jag har hållit min Fars bud och är kvar i hans kärlek.[405]

Jesus liknar sig själv vid en vinstock, medan de som genom tron och dopet blivit rena och är i honom, är grenarna.[406] Denna undervisning ger han till sina egna närmaste lärjungar. Trots detta varnar han dem och låter dem förstå att de måste förbli i honom genom att fortsätta bevara hans ord och hålla hans bud i sina liv. Om man är angelägen om att leva i lydnad av Herrens bud, och ser till att bibehålla en nära personlig relation med

---

[404] Förutom nedan listade exempel är bland annat följande passager tydliga i frågan: Matt. 18:23-35; 24:42-51; Mark. 9:42-50; Luk. 21:34ff; Rom. 8:12f; 11:20ff; 1 Kor. 8:9–13; Kol 1:21ff; 1 Tess. 3:1–5; 1 Tim. 4:1ff; 6:9–12; 2 Tim. 2:12; Hebr. 6:4ff; Jak. 5:19f; 2 Petr. 2:20ff; 1 Joh. 2:28f; Upp. 3:1–5.
[405] Joh. 15:1–10.
[406] Rom. 11:19f; Kol 2:6–12.

honom, kommer han att bistå en med nåd och kraft att leva i seger över alla frestelser till synd.[407] Men, om man istället inte förblir i Jesus och bevarar hans ord, utan ger efter för syndiga begär och frestelser, kommer man att vissna andligen och till slut dö på nytt andligen och gå evigt förlorad.[408]

Bröder, jag vill påminna er om evangeliet som jag predikade för er, som ni tog emot och som ni står fasta i. Genom evangeliet blir ni frälsta, om ni håller fast vid ordet som jag förkunnade. Annars var det ingen mening med att ni kom till tro.[409]

Paulus ger denna varning till personer i Korint, som verkligen hade blivit frälsta och inlemmade i Kristi kropp.[410] Ändå skriver han alltså att det inte fanns någon mening med att de hade kommit till tro, om de inte höll fast vid evangeliet. Vi får en inblick i vad det innebär att hålla fast vid evangeliet av följande text:

Lyssna! Jag, Paulus, säger er att om ni låter omskära er, kommer inte Kristus att vara till någon hjälp för er. Jag försäkrar er igen: var och en som låter omskära sig är skyldig att hålla hela lagen. Ni har kommit bort från Kristus, ni som försöker bli rättfärdiga genom lagen. Ni har fallit ur nåden. Vi däremot väntar i Anden genom tron på den rättfärdighet som är vårt hopp. I Kristus Jesus beror det inte på om vi är omskurna eller oomskurna, utan om vi har en tro som är verksam i kärlek.[411]

---

[407] 1 Kor. 10:13; Tit. 2:12; Hebr. 4:15f; 12:1–4, 14.
[408] Jak. 1:12-15; 2 Petr. 2:20ff; Jud. 11ff.
[409] 1 Kor. 15:1f.
[410] 1 Kor. 1:2, 30; 3:16f; 4:15; 6:11, 19f; 10:16f; 12:13, 27.
[411] Gal. 5:2–6.

Genom denna text i Galaterbrevet gör Paulus det fullständigt klart att de som anser att alla kristna (män) ska låta omskära sig och lyda Mose lag för att kunna förbli rättfärdiga inför Gud, i själva verket fallit ur nåden och på nytt hamnat under lagens förbannelse. Denna förbannelse innebär att man måste leva ett liv i perfekt lydnad av denna lag för att kunna stå rättfärdig inför Gud.[412] Om man istället förlitar sig på trons rättfärdighet inför Gud, och lever i den trons kärlek till Gud som driver en till att göra goda gärningar, kommer man att förbli i Kristus Jesus. De av galaterna som genom sin lagiskhet fallit ur nåden, var pånyttfödda kristna, men så länge de förlitade sig på att bli rättfärdiga genom lydnad av Mose lag, hade de förlorat Guds nåd.[413]

Bedra inte er själva, Gud lurar man inte: det människan sår ska hon också skörda. Den som sår i sitt kött får av köttet skörda undergång, men den som sår i Anden får av Anden skörda evigt liv. Låt oss inte tröttna på att göra gott, för när tiden är inne får vi skörda om vi inte ger upp. Så låt oss därför göra gott mot alla medan vi har tillfälle, och särskilt mot dem som tillhör trons familj.[414]

Även detta stycke är hämtat från Galaterbrevet, ett brev som många alltsedan reformationens dagar använt sig av för att lära att man blir frälst genom tron allena. I slutet av brevet skriver emellertid Paulus denna skarpa varning till de kristna i Galatien. Han gör det klart att det finns en verklig risk för kristna att lämna det nya livet i trons lydnad och Andens ledning, för att istället börja göra köttets syndfulla gärningar.[415] De som låter sig styras av sina själviska begär sår i köttet och kommer helt säkert

---

[412] Gal. 3:10; Jak. 2:10.
[413] Gal. 3:2–5, 24–29; 4:19, 28–31.
[414] Gal. 6:7–10.
[415] Gal. 5:19ff.

att skörda undergång, medan de som sår i Anden är de som låter Anden driva dem till att praktisera goda gärningar i kärlek till sina medmänniskor. Notera också att det uttryckligen står att det bara är de som uthålligt sår i Anden som kommer att skörda evigt liv, vilket också betyder att de som sår i köttet kommer att skörda motsatsen, alltså bli fördömda för evigt!

För om vi fortsätter att synda med vett och vilja efter att ha fått kunskap om sanningen, då finns det inte längre något offer för synderna, utan bara en fruktansvärd väntan på domen och en rasande eld som ska förtära motståndarna. Den som förkastar Mose lag ska utan förbarmande dö om två eller tre vittnar mot honom. Hur mycket strängare straff tror ni då inte den förtjänar som trampar på Guds Son, föraktar det förbundsblod som har helgat honom, och som kränker nådens Ande? Vi känner honom som har sagt: Min är hämnden, jag ska utkräva den, och dessutom: Herren ska döma sitt folk. Det är fruktansvärt att falla i den levande Gudens händer.[416]

Denna text ifrån Hebreerbrevet är egentligen inte svår att förstå och dess betydelse är klar, nämligen att kristna kan förlora sin frälsning genom att välja att leva i synd igen. Ändå har vissa som försvarar läran att en pånyttfödd kristen inte kan förlora sin frälsning försökt hävda att författaren till Hebreerbrevet i själva verket inte talar om kristna, utan om judar som förkastat sanningen om Jesus som Messias, och som alltså helt förkastat att det bara är hans utgjutna blod som kan rena från all synd. Texten talar dock om personer som tidigare blivit renade genom Jesu blod, vilket endast pånyttfödda kristna blivit.[417] Men är det verkligen så

---

[416] Hebr. 10:26-31.
[417] Apg. 26:18; 1 Kor. 6:11; Ef. 2:13; 5:25ff; Hebr. 9:13f; 10:19-23; 1 Petr. 1:2; 1 Joh. 1:7; Upp. 7:15ff.

att även de första generationernas kristna, som hade tagit emot sin lära av apostlarna eller deras medarbetare, menade att Skriftens varningar för avfall från sanningen och trons lydnad innebär att även pånyttfödda kristna kan förlora sin frälsning? Låt oss läsa några exempel:

Vad är det nu som bereds åt dem som håller ut? Tidsåldrarnas skapare och Fader, den Allhelige, känner själv dess storhet och skönhet. Låt oss alltså kämpa för att bli räknade bland dem som håller ut, för att vi skall få del av de utlovade gåvorna.[418] Hur skall detta ske, mina vänner? Om vårt sinne är fast och troget riktat mot Gud, om vi söker det som är välbehagligt och angenämt för honom, om vi gör det som svarar mot hans otadliga vilja, följer sanningens väg och kastar ifrån oss all orättfärdighet och ondska, girighet, tvister, dåliga seder och svek, skvaller och förtal, hat mot Gud, övermod och stortalighet, tomt skryt och ogästvänlighet.[419]

Nu är den yttersta tiden. Låt oss nu skämmas, låt oss frukta Guds fördragsamhet så att den inte blir oss till dom. Antingen skall vi frukta den kommande vreden eller älska den nåd som finns nu, ett av de två, bara vi blir funna i Jesus Kristus till ett evigt liv.[420]

Låt inte lura er, mina bröder. De som fördärvar ett hem skall inte ärva Guds rike. Om de dog som gjorde detta i yttre mening, hur mycket mer gäller det inte en som fördärvar tron på Gud genom falsk lära för vars skull Jesus Kristus blev korsfäst. Den som på detta sätt har blivit

---

[418] Jämför 2 Petr. 1:10.

[419] *Clemens av Rom* (ca. år 96), citatet hämtat från s. 54 i *DE APOSTOLISKA FÄDERNA.*

[420] *Ignatius av Antiokia* (ca. år 108), s. 85 i *DE APOSTOLISKA FÄDERNA.*

124

befläckad skall gå till den eld som inte släcks ut, likaså den som lyssnar till honom.[421]

Då vi nu vet att man inte lurar Gud bör vi vandra värdigt hans bud och hans härlighet. ... Om vi är honom till behag i denna tidsålder skall han i gengäld ge oss den kommande så som han har lovat att uppväcka oss från de döda. Om vi lever på ett sätt som är värdigt honom skall vi härska med honom om vi bara tror.[422]

Låt oss göra bot medan vi är på jorden. Ty vi är lera i mästarens hand. Det är som när krukmakaren har gjort ett föremål och det har misslyckats eller gått sönder under hans händer, så formar han om det; men om han redan har satt in det i ugnen, så kan han inte göra något mer åt det. På samma sätt må också vi, så länge som vi är i världen, göra bot av allt hjärta för det onda som vi har gjort i vår kropp, så att vi kan räddas av Herren medan vi har tillfälle till bot. Ty sedan vi har gått ut ur världen kan vi inte längre där bekänna synden eller göra bot. Därför, bröder, om vi gör Faderns vilja, bevarar köttet rent och håller Herrens bud, så skall vi få evigt liv.[423]

Gå nu och berätta för Herrens utvalda om hans stora under och säg dem att detta odjur är en bild av den stora prövning som väntar. Om ni nu i förväg bereder er och av allt hjärta vänder om i bot till Herren, så kan ni undkomma den, om alltså ert hjärta blir rent och ni tjänar Herren oklanderligt under resten av era liv. Kasta era bekymmer på Herren, så skall han reda upp dem. Tro på Herren, ni tvivlare, att han kan allt. Han kan vända bort sin vrede från er, men han kan också

---

[421] *Ignatius av Antiokia*, s. 86 i *DE APOSTOLISKA FÄDERNA*.
[422] *Polykarpus av Smyrna* (ca. år 135), s. 120 i *DE APOSTOLISKA FÄDERNA*.
[423] *2 Clemensbrevet* (ca. år 120–150), s. 145 i *DE APOSTOLISKA FÄDERNA*

sända straff över er, ni som tvivlar. Ve dem som hör dessa ord och inte lyssnar på dem. Det hade varit bättre för dem att inte ha blivit födda.[424]

Det är uppenbart att de tidiga kristna som skrivit dessa texter riktade sina skarpa varningar till sådana som verkligen blivit födda på nytt. Samtliga skrifter skrevs till kristna. Av dessa exempel framgår det dessutom tydligt att de inte trodde på någon ovillkorlig utkorelse till frälsning. Mottagarna av skrifterna är för närvarande bland Guds utvalda, men de måste fortsätta hålla fast vid sin tro och leva i helgelse för att förbli i de utvaldas skara. Vi har nu fått en inblick i vad Skriften lär om den smala respektive den breda vägen, samt hur de tidiga kristna förstod Jesu och apostlarnas lära i frågan. Låt oss nu se närmare på hur viktigt det är att inte bli bedragen av falska profeter, som kan föra oss bort från den smala vägen.

---

[424] *Hermas Herden* (ca. år 150), s. 246 i *DE APOSTOLISKA FÄDERNA.*

Matt. 7:15-20 – Varning för falska profeter

Akta er för de falska profeterna. De kommer till er i fårakläder, men i sitt inre är de rovlystna vargar. På deras frukt ska ni känna igen dem. Man plockar väl inte vindruvor från törnbuskar eller fikon från tistlar? Så bär varje gott träd god frukt, men ett dåligt träd bär dålig frukt. Ett gott träd kan inte bära dålig frukt, inte heller kan ett dåligt träd bära god frukt. Varje träd som inte bär god frukt huggs bort och kastas i elden. Alltså ska ni känna igen dem på deras frukt.

Vilka är egentligen falska profeter och, av vad för sorts frukt är det som vi kommer att kunna känna igen dem? Innan vi försöker besvara dessa frågor ska vi se närmare på en allvarlig sanning. Bibeln nämner på många ställen att falska profeter inte bara är talespersoner för andra religioner, utan att många falska profeter bekänner att de tror på Jesus som Herren. De träder till och med fram inom Guds församlingar och kan inneha positioner som ledare. Ett tydligt exempel på detta, utifrån Skriften, har vi i Apostlagärningarna:

Jag vet att när jag lämnat er ska rovlystna vargar tränga in bland er, och de kommer inte att skona hjorden. Ja, bland er själva ska män träda fram som förvränger sanningen för att dra över lärjungarna på sin sida. Var därför vakna och kom ihåg att jag i tre års tid, natt och dag, aldrig har slutat förmana var och en av er under tårar.[425]

Paulus varnade alltså de äldste i Efesos för falska profeter, som skulle träda fram inom den egna församlingen efter en tid. Falska profeter och lärare har uppenbarligen varit ett problem i Guds församlingar alltsedan apostlarnas tid. Därför bör vi, som inte har privilegiet att ha apostlarna

---

[425] Apg. 20:29ff.

ibland oss, vara desto mer angelägna om att se till att vi inte blir bedragna av villoläror. Anledningen till att Guds ord varnar för villolärare är att det finns en reell risk för pånyttfödda kristna att bli vilseledda, och därigenom avfalla från den sanna tron, genom att anamma falska läror:

Men Anden säger tydligt att i de sista tiderna kommer några att avfalla från tron och följa villoandar och onda andars läror, förledda av hycklande lögnare som är brännmärkta i sina samveten. De förbjuder folk att gifta sig och befaller dem att avstå från mat som Gud har skapat för att tas emot med tacksägelse av dem som tror och känner sanningen.[426]

Jesus säger på ett ställe till sina lärjungar: "*Förförelserna måste komma, men ve den genom vilken de kommer! Det hade varit bättre för honom att få en kvarnsten hängd om halsen och bli kastad i havet än att han förleder en av dessa små.*"[427]

Låt oss nu se närmare på vad som kännetecknar falska profeter. För det första brukar de inte predika om hur viktigt det är att man omvänder sig från alla sina synder, för att kunna få Guds förlåtelse och rening från dem.[428] De brukar inte tala om vad äkta omvändelse verkligen innebär. Omvändelse innebär inte bara att man ångrar sina synder, utan att man även överger dem för att istället göra det som är gott.[429] Den sanna omvändelsen får till följd att man avhåller sig från all form av ondska, som man tidigare levde i.[430] I kraft av Guds nåds inneboende kraft kan den som verkligen omvänt sig från sina synder leva i trons lydnad, och växa

---

[426] 1 Tim. 4:1ff.
[427] Luk. 17:1f.
[428] Apg. 3:19; Jer. 6:13f; Hes. 13:10.
[429] Ords. 28:13; Jes. 1:16ff; Luk. 3:8–11; Apg. 26:20 m fl.
[430] Luk. 19:8ff; 2 Tim. 2:19.

till i helgelse.[431] De falska profeterna och lärarna förvränger dock dessa viktiga sanningar och förkunnar ett budskap som försvarar människors synd och själviskhet. Man lär att även kristna är slavar under syndiga begär och att vi alla förblir syndare, men att vi ändå räknas som rättfärdiga genom tron på Jesus. Guds ord säger dock väldigt tydligt att det är de som gör det rätta som är rättfärdiga, genom att de lever så som Jesus levde.[432] Genom sin lära leder de falska profeterna både sig själva andra till evig förtappelse. Jesus har nämligen uppenbarat att han på den yttersta dagen kommer att sända ut sina änglar och samla ihop alla dem som förleder andra, och alla som lever i synd, och kasta dem i den brinnande ugnen.[433]

Det andra kännetecknet på falska profeter är likt det första. De falska profeterna förnekar inte bara vikten av en fullständig omvändelse för att bli frälst, utan de förnekar också att alla kristna behöver leva sina liv i Jesu efterföljd för att bli bevarade i frälsningen. Med andra ord lär de inte att tro och lydnad utgör två sidor av samma mynt, utan hävdar att tron ensam frälser. Detta innebär att det räcker att mentalt tro att Jesus dog för ens synder, och uppstod för ens rättfärdiggörelses skull, för att bli frälst. De falska profeterna kanske i och för sig lär att ens tro bör leda till att man lever i kärlek till Gud och sina medmänniskor, men att detta inte är nödvändigt för att förbli frälst. Guds ord lär dock klart och tydligt att den nya födelsen ska leda till att man lever i lydnad av Guds bud och att tron och lydnaden inte kan skiljas åt.[434]

En annan viktig text i Bibeln som väldigt tydligt visar att tro och lydnad av Guds ord hör ihop är denna:

---

[431] Tit. 2:11f.
[432] 1 Joh. 2:6; 3:7.
[433] Matt. 13:41f.
[434] 1 Kor. 7:19; Jak. 2:14-25.

Det heter: I dag, om ni hör hans röst, förhärda inte era hjärtan som vid upproret. Vilka var det då som hörde men ändå gjorde uppror? Var det inte alla de som Mose förde ut ur Egypten? Och vilka var han vred på i fyrtio år? Var det inte på dem som syndade och blev liggande som lik i öknen? Och vilka gällde hans ed att de aldrig skulle komma in i hans vila, om inte dem som vägrade lyda? Vi ser alltså att det var på grund av otro som de inte kunde komma in.[435]

I denna text används orden för "att vara olydig" och "otro" i princip som varandras synonymer.[436] Författaren av Hebréerbrevet vänder sig till kristna, som kommit till tro, omvänt sig och låtit döpa sig.[437] Vi ser att han uppenbarligen menar att det ändå finns en verklig risk för dem att gå förlorade om de, likt Israels folk i öknen, slutar tro och lyda Guds röst. För att inte också vi ska bli förhärdade, och olydiga mot Guds röst, behöver vi förbli ödmjuka gentemot Gud och hans ord varje dag, ta emot det på djupet av våra hjärtan och lyda det.[438] Det är visserligen sant att vi både blir frälsta och bevarade i frälsningen av nåd genom tro på Jesus, men den sanna tron leder alltid till omvändelse, lydnad och efterföljelse. För att växa till i trons lydnad behöver vi vilja leva i enlighet med Guds vilja, dagligen mata oss med Guds ord och i ödmjukhet låta den helige Ande inpränta dess sanningar i våra hjärtan. Då kommer vi genom Guds ord och den helige Ande få nåd att också lyda Jesu bud och bli mer och mer lika honom. De falska profeterna, däremot, talar sällan om trons lydnad och urvattnar istället Guds ord genom att påstå att man inte behöver lyda dess bud bokstavligen.

---

[435] Hebr. 3:15-19.
[436] De grekiska orden är *apeithéo* och *apistía*.
[437] Hebr. 6:1f.
[438] Jak. 1:21f; 1 Petr. 2:1f.

Ett tredje kännetecken på de falska profeterna och lärarna är att de inte predikar allt i Guds ord, utan endast de saker som folk vill höra och som är lätta att smälta.[439] De predikar ensidigt om Guds kärlek och intalar sina lyssnare att allt står väl till med dem andligen, även om de inte lever i lydnad av Guds ord. Ytterligare ett viktigt kännetecken på en falsk profet är att han (eller hon) inte är driven av en stark kärlek till och fruktan för Gud, samt nöd för människors frälsning och andliga tillväxt. Istället är de drivna av olika själviska motiv och förfalskar därför Guds ord.[440] I likhet med fariséerna älskar de att få människors beröm, pengar och att inneha de främsta positionerna i församlingarna. Om en förkunnare talar mycket om pengar och hur mycket välsignelse vi kommer att få av Herren genom att stödja hans verksamhet, kan vi vara säkra på att det är en falsk profet. I den tidiga kyrkan betonade man bland annat denna aspekt av vad det innebär att vara en falsk profet:

Om någon kommer till er och lär er allt detta som sagts, ta då emot honom. Men om någon lärare har vikit av och lär en annan lära för att upplösa, lyssna då inte på honom. Lär han för att öka rättfärdigheten och Herrens kunskap, ta då emot honom som Herren själv. ... När en profet lär sanningen men inte gör som han lär, så är han en falsk profet. ... När någon säger i ande: "Ge mig pengar eller annat," lyssna då inte på honom. Men om det är för några andra behövandes skull som han säger att man skall ge, då skall ingen döma honom.[441]

Efter att ha sett närmare på ett antal kännetecken på falska profeter ska vi nu gå igenom vad Guds ord säger kännetecknar sanna profeter och

---

[439] 2 Tim. 4:3.
[440] 2 Kor. 2:17; 1 Tim. 6:5.
[441] *Didache*, s. 22 + 23 i *DE APOSTOLISKA FÄDERNA*.

predikanter. För det första söker de inte sin egen ära eller ekonomisk vinning, utan endast Guds ära.[442] De är drivna av Anden och motiverade av en uppriktig kärlek till sina medmänniskor, som de vill ska bli frälsta, och bevaras i frälsningen.[443] Vidare håller de fast vid Jesu lära och predikar hela Guds rådslut, alltså allt Guds ord, i syfte att göra Guds folk rotade i sanningen och fostrade till att leva i helgelse, göra många goda gärningar och bli bevarade i frälsningen.[444] Dessutom är det så att sanna lärare inte bara predikar Guds ord rent och oförfalskat, utan de lever också i enlighet med vad de lär andra att hålla. De är alltså föredömen för resten av Guds hjord genom hur de lever i vardagen.[445] Sanna profeter är inte heller partiska utan predikar sanningen för alla de är kallade att predika för. Då kung Herodes levde i äktenskapsbrott med sin brors hustru, fruktade inte Johannes Döparen kungen och hans makt, utan konfronterade honom med orden: "*Det är inte tillåtet för dig att ha din brors hustru.*"[446]

Ett annat kännetecken på en sann profet, som man kan tendera att glömma, är att han blir hånad och förföljd på grund av att han verkligen predikar sanningen. Jesus sa tidigare i Bergspredikan:

Saliga är ni när människor hånar och förföljer er och ljuger och säger allt möjligt ont om er för min skull. Gläd er och jubla, för er lön är stor i himlen. På samma sätt förföljde man profeterna före er.[447]

---

[442] Joh. 7:18; 2 Kor. 2:17.
[443] 2 Kor. 5:14; 11:1ff; Gal. 1:6ff; 1 Tess. 3:5 m fl.
[444] Apg. 20:26f; 2 Tim. 3:16f.
[445] 1 Tim. 4:12; Hebr. 13:7.
[446] Mark. 6:18.
[447] Matt. 5:11f.

De sanna profeterna förföljer dock inte själva någon, utan de älskar sina fiender, gör gott emot sådana som hatar dem och välsignar och ber för sina förföljare. Paulus är kanske den kristne som fått lida allra mest för sanningens skull, men han hämnades aldrig och beskrev på ett ställe hur han och de andra apostlarna bemötte människor som förföljde dem:

Vi sliter och arbetar med våra händer. När vi blir hånade välsignar vi, när vi blir förföljda härdar vi ut, när folk talar illa om oss talar vi väl om dem. Vi har blivit som världens skräp, som mänsklighetens avskrap, och så är det än i dag.[448]

Apostlarna och andra i den tidiga kyrkan var tvungna att uthärda förföljelse, i Jesu fotspår, eftersom de genom sin förkunnelse och sina rättfärdiga liv avslöjade människors synd.[449] Under kyrkans historia har det ofta varit ledarna för trogna församlingar och rörelser som drabbats av hårdast förföljelse. Under den hårda förföljelsen av de så kallade anabaptisterna på 1500-talet, dödades en mycket hög andel av rörelsens ledare av falska kristna. År 1527 samlades 60 av rörelsens ledare för att samtala kring lärofrågor och för att bestämma i vilka områden var och en av dem skulle verka för att sprida evangeliet. Efter endast några år hade 58 av dem lidit martyrdöden! Därför har deras ledarmöte kommit att kallas "Martyrernas synod."

Må vi alla be om nåd och den uppenbarelse vi behöver för att snabbt kunna urskilja vilka som är falska profeter/lärare inom de kristna församlingarna, så att vi inte drivs bort ifrån sanningen! Den som själv har fått förtroendet att undervisa Guds ord i en församling, måste alltid pröva sitt eget liv och de läror han lär ut. Han måste i grunden gå till botten

---

[448] 1 Kor. 4:12f.
[449] Joh. 15:18-27; Apg. 6:8–7:60; 2 Tim 3:12.

med sin lära och sitt liv och omvända sig från allt som inte håller måttet i ljuset av Nya testamentets samlade vittnesbörd.

Mina bröder, inte många av er bör bli lärare. Ni vet ju att vi ska få en strängare dom.[450]

---

[450] Jak. 3:1.

Matt. 7:21-29: Lydnaden av Jesu bud är nödvändig för att bestå på domens dag

Inte alla som säger 'Herre, Herre' till mig ska komma in i himmelriket, utan den som gör min himmelske Fars vilja. Många ska säga till mig på den dagen: Herre, Herre, har vi inte profeterat med ditt namn och drivit ut onda andar med ditt namn och gjort många kraftgärningar med ditt namn? Men då ska jag säga dem sanningen: Jag har aldrig känt er. Gå bort från mig, ni förbrytare.

Vi har nu kommit till Bergspredikans avslutande del och börjar med att behandla verserna 21–23. Denna predikan är, som tidigare nämnts, den första och längsta av de predikningar av Jesus som finns återgivna i de fyra evangelierna. I denna boks introduktion poängterades att Bergspredikan var väldigt central i den tidiga kyrkans undervisning. Under kyrkans första tre århundraden betonade man verkligen att alla kristna ska följa Jesus, vilket innebär att man lär sig att lyda allt som han har befallt. Justinus Martyren, som levde på 100-talet, valde följande ord då han uttryckte vad som skiljer sanna och falska kristna åt:

Låt de som man finner leva i olydnad mot vad han befallt, förstås som okristna, även om de med läpparna bekänner Kristi befallningar. För det är inte de som avlägger bekännelsen, utan de som gör handlingarna, som kommer bli frälsta.[451]

Innan vi ser närmare på Bergspredikans sista del, ska vi understryka några punkter som är viktiga för att förstå varför hela dess undervisning är väldigt viktig, och att alla kristna är kallade att följa dess bud i sina liv:

---

[451] Egen översättning från s. 580 i boken *A DICTIONARY of EARLY CHRISTIAN BELIEFS*.

1. Jesus kom inte bara för att lida och dö för mänsklighetens synder, utan han kom även för att upprätta Guds rike och regera som dess smorde Kung (Messias).[452]

2. Jesus är instiftaren av det nya förbundet, i egenskap av att han även är Profet och Överstepräst. Mose själv profeterade enligt 5 Mos. 18:15-18 om den store Profet som, i likhet med Mose, skulle ge Guds folk en lag att följa. Det är enbart Guds Son själv som har mandat att ersätta vissa av reglerna i Mose lag med nya bud att lyda för Guds folk.

3. Jesus kom inte för att upphäva lagen eller profeterna (Gamla Testamentet), utan för att uppfylla dem.[453] Allt i Gamla Testamentet hade som syfte att peka fram emot Jesus och det nya och bättre förbund som han skulle förmedla.[454]

4. Jesus kom inte bara för att frälsa oss från det straff vi har gjort oss förtjänta av genom våra synder, utan också för att bryta syndens makt i våra liv.[455] I samband med att man blir född på nytt får man ett nytt hjärta, den helige Andes gåva, samt en lust att leva i enlighet med Guds vilja.[456] Det är endast genom att man låter Guds nåd och den helige Andes kraft driva en som man kan leva i lydnad av Jesu bud.

5. Jesu etiska undervisning i Bergspredikan sammanfattas med orden: *Allt vad ni vill att människorna ska göra för er, det ska ni också göra för dem. Detta är lagen och profeterna.* Även under Gamla Testamentet utgjorde kärleken till Gud och sina medmänniskor lagens grund. Därför avviker inte Jesu särskilda

---

[452] Jes. 9:1–7 + Matt. 4:12-17: Joh. 18:36f; Apg. 2:25-36 m.fl.

[453] Matt. 5:17.

[454] Luk. 24:44; Joh. 5:39; Hebr. 8:6.

[455] Matt. 1:21; Joh. 8:34ff m.fl.

[456] Jer. 31:33f; Hes. 36:25ff.

bud för sitt folk i Nya Testamentet från lagens främsta syfte; att verka för rätten, barmhärtigheten och troheten.[457]

6. Endast genom att varje dag bibehålla en nära personlig relation med Jesus, genom att i ödmjukhet äta av hans ord och dricka av Andens levande vatten, kan vi få den andliga styrka vi behöver för att verkligen kunna hålla hans bud.[458] För att detta ska fungera och leda till att vi växer till i trons lydnad, är det nödvändigt att vi med vår fria vilja samarbetar med Gud, omvänder oss från alla syndfulla handlingar och vanor, underordnar oss hans ord och lyder Andens förmaningar och ledning.[459]

Låt oss nu se närmare på Jesu undervisning i avslutningen av Bergspredikan. Vi har sett att Jesus i föregående stycket varnade sina lärjungar för falska profeter, som man kommer att kunna känna igen av deras frukt. Därefter uppenbarar Jesus en del om vad som kommer att hända på domens dag.[460] Många av dem som har bekänt Jesus som Herre och tjänat honom genom att använda sig av de andliga gåvor de utrustats med, kommer inte att få ärva det eviga livet! Dessa har varit övertygade om att de kommer att få leva för evigt i Guds rike, men Paulus skriver att ingenting som vi gör för Gud, ej heller användning av andliga nådegåvor, har någon betydelse om vi inte är drivna av uppriktig kärlek till Gud och till våra medmänniskor då vi tjänar Herren.[461] Då vi verkligen älskar Jesus lyder vi också hans bud, då dessa bud ger uttryck för olika aspekter av vad det innebär att älska Gud och våra medmänniskor som oss själva. Enligt

---

[457] Matt. 23:23.
[458] Joh. 15:4f; 17:17; Rom. 8:12ff; 1 Petr. 1:2; 2:1f.
[459] Rom. 6:12ff; 13:11ff; 14:19; 1 Kor. 6:18ff; 9:24ff; 10:12f; 2 Kor. 6:14-7:1; Gal. 6:7ff; Ef. 4:22ff m fl.
[460] Joh. 5:28f.
[461] 1 Kor. 13:1ff.

Jesu egna ord älskar och känner man honom inte om man inte håller hans bud.[462]

Vad menar Jesus med att han aldrig har känt en del av dem som kallar honom "Herre, Herre"? I synnerhet kalvinister, som tror att ingen pånyttfödd kristen kan förlora sin frälsning, menar att alla som i sina liv har trott på Jesus och bekänt honom som Herre, men ändå går miste om det eviga livet, aldrig var riktigt frälsta från början. Men, är det nödvändigtvis så vi bör förstå Jesu ord om att han aldrig känt dem? För att avgöra detta är det nödvändigt att studera vad Skriften i sin helhet lär. Paulus skriver att ingen kan säga att *Jesus är Herren,* utom i kraft av den helige Ande.[463] Han skriver också: *För om du med din mun bekänner att Jesus är Herren och i ditt hjärta tror att Gud har uppväckt honom från de döda, ska du bli frälst* och *Var och en som åkallar Herrens namn ska bli frälst.*[464] Detta är absoluta löften från Gud, vilket betyder att var och en som inte står emot Andens verk, utan tar emot evangeliets budskap i tro, undfår Anden.[465] I och med att det är genom Anden som man kan bekänna Jesus som Herre, kan slutsatsen dras att de som bekänner Jesus som Herre, verkligen en gång blivit födda på nytt och mottagit Anden.

Denna slutsats stöds också av det faktum att de som på domens dag kallar Jesus, "Herre, Herre," men ändå inte kommer in i himmelriket, även har profeterat, drivit ut onda andar och gjort många kraftgärningar. Enligt andra ställen i Nya Testamentet utgör dessa nådegåvor som personer som

---

[462] Luk. 6:46; Joh. 14:21ff.

[463] 1 Kor. 12:3, jmf. 1 Joh. 4:2f.

[464] Rom. 10:9,13.

[465] Joh. 7:37ff; Apg. 5:32; 7:51; Gal. 3:2,14 m fl.

tror och har den helige Ande får.[466] Hebreerbrevets författare skriver till och med följande:

De som en gång har tagit emot ljuset och smakat den himmelska gåvan, fått del av den helige Ande och smakat Guds goda ord och den kommande världens krafter men sedan avfallit, dem går det inte att föra till ny omvändelse då de själva korsfäster Guds Son på nytt och hånar honom offentligt.[467]

Dessa ord i Hebreerbrevet är inte svåra att förstå. Det är bara om man till varje pris vill försvara ett lärosystem, som inbegriper att pånyttfödda kristna inte kan förlora sin frälsning, som man blir tvungen att omtolka det som detta stycke säger. Stycket beskriver hur personer som en gång varit omvända, födda på nytt och varit delaktiga i att ha den helige Ande med Guds rikes krafter, exempelvis gåvan att driva ut onda andar,[468] verkligen kan avfalla från trons lydnad och gå evigt förlorade. Denna förståelse styrks dessutom av kontexten, eftersom författaren i de närmast föregående verserna behandlat hur viktigt det är att kristna efter omvändelsen och dopet mognar i tron och växer till i helgelse.[469] Annars finns det en risk att även pånyttfödda kristna på nytt drivs bort från tron genom syndiga begär och denna världens lockelser.[470]

Hur ska vi då förstå Jesu ord på domens dag om att han aldrig känt dem som kallar honom "Herre, Herre," men inte gjort hans himmelske Faders vilja? Jo, de utgör kristna som började vandra på rättfärdighetens smala väg, men efter en tid började tillåta sig själva att vara olydiga gentemot

---

[466] Se till exempel Mark. 16:17ff; Joh. 14:12; 1 Kor. 12:4–10; Hebr. 2:4.

[467] Hebr. 6:4ff.

[468] Matt. 12:28; Luk. 10:17ff.

[469] Hebr. 5:11-6:3.

[470] Hebr. 3:12f; 12:1ff; Jak. 4:3f; 1 Joh. 2:15ff m fl.

Herrens bud. Utifrån kontexten kan man dra slutsatsen att de i synnerhet har varit olydiga mot Jesu bud i Bergspredikan. Att göra Faderns vilja handlar ju om att lyssna på Jesus och hålla hans bud.[471] Gud känner dem som älskar honom och bevisar detta genom att hålla sig borta från allt ont, för att istället göra goda gärningar.[472] Paulus skriver:

Men Guds fasta grund består och har detta sigill: Herren känner de sina, och: Var och en som åkallar Herrens namn ska hålla sig borta från orättfärdighet.[473]

Herren vet naturligtvis vilka som för närvarande tillhör honom. Dessa utgörs endast av dem som är födda på nytt och vandrar den smala vägen, genom att leva liv som kännetecknas av lydnad av Jesu bud. De vill inte veta av någon synd, utan håller sig borta från allt som är ont.[474] Även om du och jag för närvarande vandrar den smala vägen, måste vi förbli ödmjuka och se till att vi inte avfaller.[475] Jesus har uppenbarat för oss att även om man har sitt namn i livets bok kan man få sitt namn struket ur den, vilket innebär att man blir fördömd för evigt.[476] På den stora domens dag gäller det att inte bara ha fortsatt att tro och bekänna Jesus som Herre med sin mun, utan att också ha bekänt honom som Herre genom att följa honom i livet.[477] En tidig kristen ledare skrev, i en bevarad predikan, följande ord relaterade till Jesu varnande ord i Bergspredikan:

---

[471] Matt. 17:5; Joh. 14:21,23.
[472] 1 Kor. 8:3; Gal. 5:6.
[473] 2 Tim. 2:19.
[474] 1 Tess. 5:22; 2 Petr. 2:7ff; 3 Joh. 11.
[475] 1 Kor. 10:12; Rom. 11:20; Hebr. 12:15ff.
[476] Upp. 3:5; 20:15; 22:18f.
[477] 2 Tim. 2:22; 1 Joh. 2:6.

140

Han säger ju själv: "Var och en som känns vid mig inför människorna honom skall jag kännas vid inför min Fader." Detta är alltså vår gengäld, att vi bekänner honom genom vilken vi blivit frälsta. Men hur skall vi bekänna honom? Genom att göra vad han säger och inte vara olydiga mot hans bud, inte endast ära honom med läpparna utan av allt hjärta och av allt förstånd. Han säger ju hos Jesaja: "Detta folk ärar mig med sina läppar, men deras hjärtan är långt ifrån mig." Låt oss inte bara kalla honom Herre. Det skall inte rädda oss. Han säger: "Inte alla som säger 'Herre, herre' till mig skall bli räddade utan den som handlar rättfärdigt." Låt oss därför, bröder, bekänna honom med gärningarna genom att älska varandra, genom att inte begå otukt, inte heller förtala varandra eller förivra oss, utan vara behärskade, barmhärtiga och goda. Och vi är skyldiga att lida med varandra och att inte vara giriga. Med sådana gärningar bekänner vi honom men inte med motsatsen.[478]

---

[478] *2 Clemensbrevet* (ca år 120–150), s. 142 i *DE APOSTOLISKA FÄDERNA.*

Matt. 7:24-27 – Liknelsen om de två husbyggarna

Den som hör dessa mina ord och handlar efter dem liknar alltså en klok man som byggde sitt hus på klippan. Regnet öste ner, floden kom och vindarna blåste och kastade sig mot huset, men det föll inte, för det var grundat på klippan. Men den som hör dessa mina ord och inte handlar efter dem, han liknar en dåre som byggde sitt hus på sanden. Regnet öste ner, floden kom och vindarna blåste och slog mot det huset, och det föll samman. Och dess fall var stort."

I denna liknelse utvecklar Jesus vad det är som skiljer dem av hans efterföljare, som på domens dag kommer att få ingå i hans eviga rike, från dem som går evigt förlorade. Av liknelsen om de två husbyggarna framgår det tydligt att var och en av oss har ett val att göra varje dag. Valet handlar om huruvida vi ska följa Jesu undervisning i våra liv eller inte. Den vars liv kännetecknas av lydnad gentemot Jesu bud liknas vid en förståndig man, som byggde sitt hus på klippan, medan den som väljer att inte lyda ett eller flera av Jesu bud liknas vid en dåre som bygger sitt hus på sanden. Läran att Gud ovillkorligen utväljer vilka som kommer att bli frälsta och vilka som kommer att bli fördömda är alltså falsk. Vi har alla valet att vara förståndiga eller oförståndiga. Om vi är förståndiga kommer vi att bevara Guds ord på djupet av våra hjärtan, så att vi vet vad som är synd och håller oss borta från allt som är ont.[479]

Jesu undervisning är inte svår att förstå intellektuellt. Meningen är att alla ska kunna förstå vad Kungen förväntar sig av medborgarna i hans rike. Samtidigt gör emellertid vårt kött, och vårt förstånd, motstånd emot Jesu "hårda" bud, till exempel förbudet mot skilsmässa och omgifte, buden att inte stå emot det onda med fysiskt våld, älska sina fiender och förbudet

---

[479] Ps. 119:11,112.

mot att samla skatter åt sig på jorden. Många teologer och ledare i kyrkan har under många århundraden byggt upp intellektuella "försvarsmurar" mot Bergspredikan, som har som syfte att få kristna att tro att Jesus inte riktigt menade allvar med sina befallningar. Men den som har en sann tro och litar på Guds ord, såsom ett barn litar på sin fars ord, litar på att Gud menar vad han säger och att alla hans befallningar är goda. Jesus har sagt:

Jag säger er sanningen: Om ni inte omvänder er och blir som barnen kommer ni inte in i himmelriket. Den som ödmjukar sig som det här barnet, han är den störste i himmelriket.[480]

Det är endast då vi är fattiga i anden, alltså inser vårt totala beroende av Gud, hans ord, helige Ande och Jesu blod, som vi kan ta emot den nåd som vi är beroende av för att förbli i den sanna tron. Det är denna tro som övervinner världens begär och driver en till att i allt älska och följa Jesus. Samtidigt måste vi också ha klart för oss att var och en av oss har en fri vilja och med den kan vi antingen ta emot Guds nåd så att den får fostra oss att leva liv som kännetecknas av rättfärdighet och goda gärningar, eller stå emot Guds vilja och vara olydiga gentemot honom.[481] Om en kristens liv kännetecknas av dålig frukt, som till slut innebär att hon förlorar gemenskapen med Jesus, beror detta helt och hållet på personens ovilja att låta Guds ord och Ande leda sig. På så sätt tar man inte emot Guds nåd så att den får göra nytta.[482] Hebreerbrevets författare uttrycker saken med dessa ord:

En åker som dricker det regn som ofta faller på den och som ger god skörd åt dem som den odlas för, den åkern får välsignelse från Gud.

---

[480] Matt. 18:3f.
[481] Rom. 6:12f; 8:12f; 12:1f; 13:11ff; 1 Kor. 3:1ff; 10:1–13; 2 Kor. 7:1; Gal. 5:13-18; Kol. 3:1–15; Hebr. 12:28; Jak. 1:21ff m.fl.
[482] 2 Kor. 6:1.

Men bär den törnen och tistlar är den värdelös och farligt nära
förbannelsen. Slutet blir att den bränns av.[483]

Det är alltså aldrig Guds vilja att någon kristen börjar bära dålig frukt och till slut går förlorad (såvida hon inte omvänder sig). Gud har skapat oss i Kristus Jesus till att bära god frukt genom att göra goda gärningar.[484] Detta är emellertid inte något som sker automatiskt, utan vi behöver bibehålla en nära kärleksrelation med Jesus, omvända oss varje gång vi har syndat och underordna oss Guds ord på alla livets områden. Gud ger bara nåd att leva i enlighet med Jesu svåra bud i Bergspredikan till dem som är ödmjuka, älskar honom uppriktigt och verkligen vill leva i enlighet med hans vilja. Det är också nödvändigt för var och en av oss att leva i lydnad gentemot alla "mindre svåra" bud i Skriften, såsom att inte stjäla eller ljuga. Gud har gett oss fri vilja och därför är vi i stånd att lyda sådana befallningar. Om vi inte förblir i en nära kärleksrelation med Jesus, som leder till att vi lever i trons lydnad av hans befallningar, kommer vi att förlora vår ställning som Guds barn och gå miste om det eviga livet.[485] Genom att hålla oss nära Jesus, ha gemenskap med våra syskon i tron, älska honom och vara starka i vår tro på honom kan vi, genom hans kraft, leva i seger över våra syndiga begär och hålla hans bud. Såsom aposteln Johannes skrev:

Detta är kärleken till Gud: att vi håller hans bud. Och hans bud är inte
tunga, för allt som är fött av Gud besegrar världen. Och detta är den
seger som har besegrat världen: vår tro.[486]

---

[483] Hebr. 6:7f.
[484] Ef. 2:10.
[485] Luk. 9:26; 1 Joh. 2:6,28; 3:24; Upp. 14:12f.
[486] 1 Joh. 5:3f.

Bergspredikan och församlingen

Låt oss ge akt på varandra och sporra varandra till kärlek och goda gärningar. Och låt oss inte överge våra sammankomster, så som några brukar göra, utan i stället uppmuntra varandra, och det så mycket mer som ni ser att dagen närmar sig.[487]

Efter att ha läst igenom denna behandling av Bergspredikans undervisning, inser jag att det kan kännas överväldigande att ta till sig vissa saker. Efter att på nytt ha läst igenom vad jag själv har skrivit, inser jag att jag själv absolut inte är en perfekt lärjunge till Jesus. Kanske känner du modlöshet, är överbevisad om synd och undrar hur just du ska kunna lära dig att hålla fast vid allt som Jesus har befallt? Därför ingår även detta kapitel om församlingen som bokens avslutande del. Förutsättningen för att kunna följa Jesus är nämligen att man gör det i gemenskap med andra bröder och systrar, eftersom vi var och en endast utgör en liten lem. Tillsammans utgör vi dock Kristi kropp, som tillsammans har kallelsen att vara jordens salt och världens ljus. För att kunna utföra denna kallelse i enlighet med Guds vilja är det nödvändigt att vi är enade, har gemenskap med varandra och bistår varandras andliga, fysiska och psykiska behov. Jesus säger:

Ett nytt bud ger jag er: att ni ska älska varandra. Så som jag har älskat er ska också ni älska varandra. Om ni har kärlek till varandra ska alla förstå att ni är mina lärjungar.[488]

Detta bud, liksom många andra bud i NT, är förstås omöjligt att följa om vi inte har gemenskap med andra kristna. I vår tid har emellertid en

---

[487] Hebr. 10:24f.
[488] Joh. 13:34f.

fruktansvärd pandemi spridit sig i det västerländska samhället. Denna pandemi har tyvärr vunnit insteg även bland många kristna. Pandemin heter individualismen. Många kristna har idag föreställningen att det inte är helt nödvändigt att ingå i en församling, utan att det räcker att ha en personlig relation med Jesus i sitt hem. Anledningarna till att många kristna idag inte ingår i någon församling kan vara både goda och onda. Vissa anser att alla andra kristna har fel och att det inte är värt att ingå i någon församling om man inte hittar någon som har precis samma förståelse av alla detaljer i Bibeln som man själv har. Det kan gälla allt från synen på nattvardens innebörd till synen på tusenårsriket. Andra kristna isolerar sig på grund av rädsla och fruktan. Man kanske har blivit kränkt av andra troende och är rädd att bli utsatt för något liknande igen? Kanske kämpar man med att övervinna oförsonlighet och bitterhet? Guds ord har botemedlet för alla sådana problem:

Det finns ingen rädsla i kärleken, utan den fullkomliga kärleken driver ut rädslan, för rädsla hör samman med straff. Den som är rädd är inte fullkomnad i kärleken. Vi älskar därför att han först har älskat oss. Om någon säger att han älskar Gud men hatar sin broder, så är han en lögnare. Den som inte älskar sin broder, som han har sett, kan inte älska Gud som han inte har sett.[489]

Om man har problem med att älska sina syskon i tron och ha gemenskap med dem, beror det förmodligen på att man har kommit bort ifrån den första och starka kärleken till Gud som man hade som ny i tron.[490] Då man precis blivit född på nytt och fått Guds kärlek utgjuten i sitt hjärta genom Anden,[491] älskar man mycket, eftersom man är uppfylld av tacksamhet till

---

[489] Joh. 4:18ff.
[490] Upp. 2:4.
[491] Rom. 5:5.

Gud över att ha fått alla sina synder förlåtna av honom. Om man verkligen är född på nytt så älskar man också alla andra som är födda av Anden.[492] Jesu främsta bud är att vi ska älska varandra och förbli i kärleken till varandra.[493] På vilket sätt är vi kallade att älska varandra? Aposteln Johannes, som ibland kallas kärlekens apostel, ger oss ett rakt besked:

Genom att han gav sitt liv för oss har vi lärt känna kärleken. Så är också vi skyldiga att ge våra liv för våra bröder. Om någon har jordiska ägodelar och ser sin broder lida nöd men stänger sitt hjärta för honom, hur kan då Guds kärlek förbli i honom? Kära barn, låt oss inte älska med ord eller fraser, utan i handling och sanning.[494]

Vi är alltså kallade att älska varandra genom att betjäna varandras behov. Jesus bevisade sin kärlek genom att offra sin kropp som ett syndoffer, för att vi därigenom skulle kunna bli frälsta från synden, döden och djävulen. Han lät sig inte bli betjänad, trots att han är Herrarnas Herre, utan gav sitt liv till lösen för att frigöra oss från djävulens rike och föra oss in i sitt rike.[495] Vi ska på samma sätt som Jesus leva för att tjäna varandra genom att tillgodose andras behov, istället för att framhäva oss själva och få andra att uppmärksamma oss och våra begär. Församlingen bör fungera som en harmonisk familj, som delar livet med varandra i vardagen. Detta betyder inte att alla kristna måste leva i kollektiv och ha alla egendomar gemensamt, men vi är kallade att ha betydligt mer kontakt med varandra än enbart 2–3 timmar varje söndag. Då den första församlingen hade bildats i Jerusalem efter pingstdagen, och de troende hade uppfyllts av Anden och den första kärleken, började de leva på följande sätt:

---

[492] 1 Joh. 5:1.
[493] Joh. 15:17; 1 Joh. 3:23f.
[494] 1 Joh. 3:16ff.
[495] Matt. 20:28; Kol. 1:13f.

Alla de troende var tillsammans och hade allt gemensamt. De började sälja sina egendomar och ägodelar och delade ut till alla efter vars och ens behov. Varje dag var de troget och enigt tillsammans i templet, och i hemmen bröt de bröd och delade måltid med varandra i jublande, innerlig glädje. De prisade Gud och var omtyckta av hela folket. Och Herren ökade var dag skaran med dem som blev frälsta.

Oj, noterade du den sista meningen? *Och Herren ökade var dag skaran med dem som blev frälsta.* Den första församlingen i Jerusalem hade den nivå av andligt liv som alla kristna församlingar borde ha. Väckelse är inte något som ska utgöra ett ovanligt tillstånd, som kommer någon gång vart hundrade år. Nej, väckelse bör råda hela tiden. Gud vill föra så många som möjligt in i sin älskade Sons rike.[496] Han använder sin församling för att sprida evangeliet till alla människor genom såväl förkunnelse som det vittnesbörd som ett sant kristet lärjungaskap utgör inför världens människor. Petrus skriver:

Uppför er väl bland hedningarna, så att de som anklagar er för att vara onda ser era goda gärningar och prisar Gud den dag han besöker dem.[497]

Då människor som inte tror få se äkta kärlek utlevd i de kristnas vardagliga liv, blir de attraherade av detta och mer benägna att lyssna till evangeliets budskap. Det var så den tidiga kristna kyrkan växte mycket snabbt. Markus Minucius Felix, en kristen apologet, skrev dessa ord om hur läget var omkring år 200:

Dag efter dag ökar vårt antal. Detta utgör emellertid ingen anledning att anklaga oss för felsteg. Istället är det ett vittnesbörd som är lovvärt.

---

[496] 1 Tim. 2:4ff.
[497] 1 Petr. 2:12.

Det är nämligen så att vårt antal förblir oförminskat; och främlingar utökar det.[498]

Under kyrkans tre första århundraden rådde väckelse i stort sett hela tiden. Beviset för detta är att de kristna i början av 300-talet hade blivit så talrika, trots svår förföljelse, att den romerske kejsaren gav upp och lät de kristna börja utöva sin tro fritt. Kejsare Konstantin såg till och med kristendomen som den religion som kunde ena det väldiga riket, vilket banade vägen för att senare under 300-talet göra kristendomen till statsreligion. Detta var dock i sig ett stort misstag, eftersom Jesu rike inte tillhör den här världen. I samband med att kyrkan blev allierad med ett av världens riken, blev den korrumperad och förlorade betoningen på lärjungaskap och praktiserande av Bergspredikans undervisning. Istället blev lärjungaskap något som endast "superandliga" behövde ägna sig åt, vilket förklarar uppkomsten av kloster under medeltiden.

Även idag har denna falska tankebyggnad greppet om större delen av kristenheten, i synnerhet i västerlandet. Man är bekväm med att ha Jesus som en del av livet, på samma sätt som hobbyn, karriären, Tv:n, datorspelen, träningen, vännerna, partnern med mera. Ett par timmar på söndagarna ägnar man åt gudstjänst och gemenskap med andra kristna. Sanna lärjungar till Jesus har emellertid inte Jesus som en del av sina liv. Nej, för sanna lärjungar till Jesus är han deras liv.[499] De låter Jesus vara Herre över alla delar av deras liv, allt från vem de gifter sig med och var de bor, till hur de klär sig och vad de ägnar sin fritid åt. De som älskar Jesus lever inte mer för sig själva utan vill i allt följa Guds vilja. Vi har

---

[498] Egen översättning av citatet på s. 138 i A DICTIONARY of EARLY CHRISTIAN BELIEFS.

[499] Gal. 2:20; Fil. 1:21. Paulus skriver visserligen dessa saker om sig själv, men han menar inte att det bara är" superkristna" som han själv som bör kunna säga så. I 1 Kor. 11:1 skriver han nämligen: *Följ mitt exempel liksom jag följer Kristi exempel.*

glömt bort att Jesus har befallt att vi ska göra människor av alla folk till lärjungar och lära dem att hålla allt som Jesus har befallt![500] Hur många församlingar strävar idag efter att vara trogna denna del av Jesu missionsbefallning? Därför behöver vi söka oss till en församlingsgemenskap som vilar på rätt grund, nämligen Jesus Kristus själv. Paulus skriver:

Med den nåd som Gud gett mig har jag som en kunnig byggmästare lagt grunden, och nu bygger en annan vidare på den. Men var och en måste tänka på hur han bygger. Ingen kan lägga en annan grund än den som är lagd, Jesus Kristus.[501]

Det är alltså av största vikt att vi söker gemenskap med andra kristna som har Jesus i centrum, alltså betonar hans liv, undervisning, död, uppståndelse och himmelsfärd. Församlingens grund får vare sig vara en mänskligt uttänkt agenda, ett samfunds trosbekännelse eller någon form av kompromiss med sanningar i Guds ord i syfte att locka så många människor som möjligt in i församlingen. En annan viktig sanning är alltså att vi kristna är kallade att ha mycket kontakt med varandra, även måndag till lördag. Jesus säger dessa ord om att hans efterföljare bör ha den typ av gemenskap med varandra som en familj har:

Jag säger er sanningen: Ingen lämnar hus eller bröder eller systrar eller mor eller far eller barn eller åkrar för min och för evangeliets skull utan att få hundrafalt igen. Här i världen får de hus, bröder, systrar, mödrar, barn och åkrar, mitt under förföljelser, och sedan i den kommande världen evigt liv.[502]

---

[500] Matt. 28:20.
[501] 1 Kor. 3:10f.
[502] Mark. 10:29f.

Vi kristna måste inte ha samma uppfattning om alla saker, men vi ska vara ödmjuka gentemot varandra, kunna underordna oss varandra och lära av varandra. Ingen av oss får ha för höga tankar om sig själv och sin egen uppenbarelse. Istället ska var och en ha högre tankar om andra än man har om sig själv.[503] Även om man har mycket kunskap om vad som står i Bibeln, kommer det inte att vara till nytta för en om man inte är Ordets görare, genom att man betjänar andra kristna, av uppriktig kärlek till dem och omsorg om dem. En broder i USA har skrivit dessa ord om hur viktigt det är att vi kristna älskar varandra genom att hjälpa och bistå varandra:

"Med andra ord, domens dag kommer att handla om likvärdighet inom Guds familj. Domen kommer att inbegripa huruvida antagna medlemmar i familjen utgjorde en starkt sammanhållen grupp, som vakade över hela kroppen, eller om de självviskt följde sina egna intressen. Med tanke på detta blir passagerna i Apg. 2:44-46 och 4:32-35, som handlar om att dela med sig, uppfyllelser av Matt. 25."[504]

Guds vilja och vision för församlingen är att den ska vara en, det vill säga en sammanhållen enhet i Kristus.[505] Han avskyr all splittring mellan de som verkligen är hans barn och vill att vi ska ha uppriktig omsorg om varandra.[506] Vi som tillhör Kristus har kallelsen att älska varandra uppriktigt, liksom Kristus älskar oss. Vi är dessutom kallade att viga våra liv åt att betjäna varandra och hjälpa varandra med andliga, kroppsliga och själsliga behov. För att kunna göra detta är det nödvändigt att vi förenar oss med varandra i bibliska församlingsgemenskaper. Guds vilja och

---

[503] Rom. 12:3; Fil. 2:3.
[504] Egen översättning till svenska från s. 43 i boken *KING JESUS CLAIMS HIS CHURCH*, av Finny Kuruvilla.
[505] Joh. 17:21ff.
[506] 1 Kor. 12:25.

vision är att du och jag gör upp med all form av individualism, under-
ordnar oss varandra och verkar tillsammans för Guds rikes utbredning! På
så sätt kan vi hjälpa varandra att vandra lärjungaskapets smala väg och
vinna desto fler för Guds rike.

Se, hur gott och ljuvligt det är när bröder bor enigt tillsammans! Det
är som när den fina oljan på huvudet rinner ner över skägget, över
Arons skägg, och ner över kragen på hans dräkt. Det är som när
Hermons dagg kommer ner över Sions berg. Där skänker Herren
välsignelsen, liv till evig tid.[507]

---

[507] Ps. 133.

Appendix: Hur bör man förstå Bibeln?

En viktig orsak till att det råder splittringar och oenighet mellan kristna är att vi inte är enade kring hur olika saker i Bibeln ska tolkas. Därför har olika kristna samfund skilda läror, även i stora frågor såsom dop, nattvard, församlingssyn, fri vilja eller predestination, om man kan förlora sin frälsning eller inte, med mera. I den här boken har vi riktat vårt intresse på Jesu undervisning i Bergspredikan. Även när det gäller Bergspredikans undervisning råder det delade meningar mellan kristna om dess relevans och betydelse för hur man bör leva som lärjunge till Jesus. Därför är det viktigt att man enas om hur Bibeln borde förstås och vad som är det mest centrala i dess undervisning. Låt oss nu se närmare på några saker som är viktiga att tänka på då man läser Bibeln och vill förstå dess budskap rätt.

1. Bibeln handlar om Jesus Kristus

Den viktigaste utgångspunkten då man studerar Guds ord och vill förstå det korrekt är att läsa det i syfte att lära känna Jesus.[508] Det Gamla Testamentets profeter förutsåg Messias ankomst och gärningar. Jesus själv förklarade för sina lärjungar att Skriften innehåller många profetior om honom.[509] I Bergspredikan har vi sett att Jesus lät dem förstå att han inte hade kommit för att upphäva lagen och profeterna, utan för att uppfylla dem.[510] De fyra evangelierna, som helt handlar om Jesu liv, gärningar, död och uppståndelse, bör därför vara de böcker i Bibeln som vi använder för att rätt förstå andra bibelböcker. Jesus har också uppfyllt många av Gamla Testamentets profetior om Messias, vilket är ett stort

---

[508] Joh. 5:39.
[509] Luk. 24:26-27,44-46.
[510] Matt. 5:17.

tema i Matteus evangelium.[511] I samband med sin återkomst till jorden kommer att uppfylla resten av dem.

Mose själv profeterade om den store Profeten som en dag skulle komma, vars undervisning skulle ersätta Mose lag.[512] Ända fram tills Jesus kom, hade ingen profet rätten att göra en enda ändring av den lag som Gud gett Israel på berget Sinai. Alla profeter försökte bara förmå folket att vända om till Gud och hålla fast vid den lag han hade givit dem genom Mose. Från och med Jesu tid är det emellertid så att Guds folk i första hand ska lyssna till och hålla fast vid hans egen undervisning. Detta framgår tydligt av flera ställen i Nya Testamentet, bland annat:

> *Sex dagar därefter tog Jesus med sig Petrus, Jakob och hans bror Johannes och förde dem upp på ett högt berg där de var ensamma. Då förvandlades han inför dem: hans ansikte lyste som solen, och hans kläder blev vita som ljuset. Och Mose och Elia visade sig för dem och samtalade med honom. Petrus sade till Jesus: "Herre, det är gott för oss att vara här. Om du vill ska jag göra tre hyddor här: en åt dig, en åt Mose och en åt Elia." Medan han ännu talade kom ett lysande moln och sänkte sig över dem. Och en röst ur molnet sade: "Han är min älskade Son. I honom har jag min glädje. Lyssna till honom![513]*

Fadern själv uppenbarade alltså för Jesu tre lärjungar och gjorde det klart för dem att det är hans älskade Son Jesus de ska lyssna till, snarare än Mose (Lagen) och Elia (Profeterna).

---

[511] Se bland annat. Matt. 1:22f; 2:15; 4:13ff; 8:17; 12:16-21; 13:34f; 21:1–5.

[512] 5 Mos. 18:15-18.

[513] Matt. 17:1–5.

Lagen och profeterna hade sin tid fram till Johannes. Sedan dess förkunnas evangeliet om Guds rike, och alla uppmanas enträget att komma in.[514]

Med dessa ord uppenbarar Jesus att Lagens och Profeternas tid varade fram tills Johannes Döparen. Sedan dess är det istället Jesu undervisning om Guds rike, och allt som hör till det, som är Guds viktigaste budskap till alla människor. En av de viktigaste anledningarna till att Jesus kom till jorden var för att predika evangeliet om Guds rike.[515]

Den som förkastar mig och inte tar emot mina ord har en domare över sig: det ord som jag har talat ska döma honom på den yttersta dagen. Jag har inte talat av mig själv, utan Fadern som har sänt mig har befallt mig vad jag ska säga och tala. Och jag vet att hans befallning är evigt liv. Det jag talar, talar jag därför så som Fadern har sagt mig.[516]

Det är Jesu ord, den undervisning som Fadern själv befallde honom att predika, som vi var och en kommer att dömas efter. Endast de som tror på och lyder hans ord kommer att ärva det eviga livet. De, däremot, som har skämts för Jesu bud och tagit anstöt av dem, kommer att bli fördömda för evigt.[517]

Resten av Nya Testamentes författare uppenbarar också att det är Jesus själv och hans undervisning som är rättesnöret för hur man ska leva som lärjunge till Jesus. På samma sätt som Gamla Testamentets profeter gjorde

---

[514] Luk. 16:16.
[515] Luk. 4:43.
[516] Joh. 12:48ff.
[517] Mark. 8:38; Luk. 9:26.

det klart att Guds folk ska hålla Mose lag, gör bland annat Hebreerbrevets författare det klart att Jesus är alla kristnas främsta lärare:

I forna tider talade Gud många gånger och på många sätt till fäderna genom profeterna, men nu i den sista tiden har han talat till oss genom sin Son. Honom har han insatt som arvinge till allt, och genom honom har han också skapat universum. Sonen är utstrålningen av Guds härlighet och hans väsens avbild, och han bär allt med sitt mäktiga ord. Och sedan han fullbordat en rening från synderna sitter han nu på Majestätets högra sida i höjden.[518]

Men nu har Kristus ett högre prästämbete, liksom han också är medlare för ett bättre förbund som är grundat på bättre löften. För om det första förbundet hade varit utan brist, skulle det inte behövas ett andra... När han talar om ett nytt förbund, har han därmed förklarat det förra föråldrat. Och det som blir gammalt och föråldrat är på väg att försvinna.[519]

Det nya förbundet, som Jesus instiftade, är överlägset det gamla förbundet som Gud instiftade genom Mose. Det gamla förbundets bud är föråldrade, eftersom Jesus har hållit dem i vårt ställe och gett sitt liv som offer för att köpa oss fria från våra överträdelser av dem.[520] Meningen var inte att Mose lag skulle gälla för evigt.[521] Mose lag gavs åt Israels folk och dess syfte var bland annat att skilja dem, som utgjorde Guds folk, och hedningarna från varandra. Jesus har dock gjort denna åtskillnad om intet i och med han genom sitt försoningsverk på korset tagit bort lagens bud och stadgar och skapat ett nytt folk som består av såväl judar som

---

[518] Hebr. 1:1ff.
[519] Hebr. 8:6–7,13.
[520] Gal. 4:4f; Hebr. 9:26; 10:10ff.
[521] Se till exempel. Mark. 10:4–9.

hedningar.[522] I det nya förbundets tid står inte detta nya folk under Mose lag, utan under den nåd och sanning som givits oss av Jesus Kristus.[523] Ingen kyrklig ledare, inte ens påven, har rätt att lägga någon annan grund för kristen tro och kristet liv än den som Jesus Kristus själv har lagt.[524] Därför underströk apostlarna om och om igen att alla kristna ska hålla fast vid Jesu egen undervisning och leva såsom han levde:

De gifta ger jag en befallning som inte är min utan Herrens: En hustru får inte skilja sig från sin man –skiljer hon sig ska hon förbli ogift eller försonas med sin man – och en man får inte överge sin hustru.[525]

Här återger Paulus Jesu undervisning om skilsmässa och omgifte. Han understryker att alla kristna som är gifta måste leva efter denna undervisning.[526]

Fri och oberoende av alla har jag gjort mig till allas tjänare för att vinna desto fler. För judarna har jag blivit som en jude för att vinna judar. För dem som är under lagen har jag blivit som de som är under lagen, fast jag själv inte är under lagen, för att vinna dem som är under lagen. För dem som är utan lag har jag blivit som en utan lag för att vinna dem som är utan lag, fast jag själv inte är utan Guds lag utan lyder under Kristi lag.[527]

---

[522] Ef. 2:11-16.
[523] Joh. 1:17; 18:37; Rom. 6:14.
[524] 1 Kor. 3:11; Ef. 2:20.
[525] 1 Kor. 7:10f.
[526] Förutom detta exempel finns det många andra ställen i Nya Testamentets brev som återger eller parafraserar undervisning av Jesus som alla kristna ska följa, bland annat: Rom. 12:14,17–21; 1 Tess. 5:15; 1 Tim. 6:6–10; Jak. 3:18; 5:12.
[527] 1 Kor. 9:19ff.

Paulus, som ju var jude, förklarade att han såsom Jesu efterföljare inte längre måste leva enligt Mose lag, men att han ibland följde bud i denna lag för att inte i onödan väcka anstöt bland judar som han försökte omvända till Kristus.[528] I det nya förbundets tid är det dock Kristi lag som är vårt rättesnöre.

Om någon sprider andra läror och inte håller sig till vår Herre Jesu Kristi sunda ord och den lära som hör till gudsfruktan, så är han högmodig och okunnig och har en sjuklig lust att diskutera och strida om ord. Sådant leder till avund, bråk, förtal, misstankar och ständiga strider mellan människor med fördärvat sinne som har tappat bort sanningen när de menar att gudsfruktan ska ge vinst.[529]

Paulus understryker alltså hur viktigt det är att man är på sin vakt mot falska förkunnare. Ett av deras kännetecken är att de inte håller fast vid Jesu sunda undervisning.

Den som går vidare och inte blir kvar i Kristi lära, han har inte Gud. Den som blir kvar i hans lära, han har både Fadern och Sonen.[530]

Aposteln Johannes förklarar att det bara är de som håller fast vid Kristi lära som har en äkta relation med Fadern och Sonen. De som "går vidare", det vill säga börjar vika av från Jesu undervisning för att istället fokusera på andra saker, till exempel det exakta förhållandet mellan Kristi mänskliga och gudomliga naturer,[531] inte längre vandrar den smala vägen till det eviga livet. Från och med tiden då kristendomen blev statsreligion i slutet av 300-talet, blev det viktigare att man hade helt rätt lära i

---

[528] Ett exempel finns i Apg. 16:1ff.
[529] 1 Tim. 6:3ff.
[530] 2 Joh. 9.

teologiska detaljer, istället för att följa Jesus i sitt vardagliga liv, för att räknas som kristen. Om man är överdrivet fokuserad på teologi studerar man inte Bibeln med rätt utgångspunkt.

2. Vad vill Gud göra i oss då vi studerar hans ord?

För att rätt förstå Bibelns undervisning är det också viktigt att förstå vad Gud vill uppnå i våra liv då vi tar tid till att fördjupa oss i hans ord. Paulus lär i 2 Timoteusbrevet att Gud har gett oss människor sitt ord för att vi ska bli visa och frälsta genom tron på Kristus Jesus.[532] Han skriver också att Skriften uppenbarar hur vi ska leva rättfärdigt och utrustar oss för att utföra alla slags goda gärningar. Då vi studerar Bibeln borde vi alltså göra det i syfte att växa till i tron på Jesus som vår Herre och Frälsare från synden, och i syfte att förstå vad det innebär att följa honom som vår Kung i våra vardagliga liv.

Bibeln ger oss inte bara instruktioner för hur vi bör leva som Jesu lärjungar. Då vi tar emot Guds ord i tro och är villiga att leva i enlighet med hans vilja, helgar Gud oss genom sitt ord och ger oss nåd att lyda hans befallningar.[533] Gud leder dem rätt som är ödmjuka inför honom och som fruktar hans ord.[534] Gud ger de ödmjuka nåd och uppenbarar den rätta förståelsen av hans undervisning åt dem som inte förlitar sig på sitt eget förstånd, utan förlitar sig på Guds hjälp då de läser och försöker förstå hans ord.[535]

I motsats till vad många kristna tror, är det ofta inte de högt utbildade teologerna som bäst förstår Bibeln. De som förlitar sig på människors visdom och innehar mycket kunskap, blir alltför ofta stolta och

---

[532] 2 Tim. 3:15ff.
[533] Ps. 119:9ff; Joh. 17:17.
[534] Ps. 25:9; Jes. 66:2.
[535] Ps. 119:130; Ords. 3:5f.

arroganta.[536] Paulus, däremot, som av många teologer räknas som den främste teologen i historien, var i själva verket inte någon teolog alls, åtminstone inte efter sin omvändelse till Kristus. Han förlitade sig inte alls på någon form av mänsklig visdom då han predikade evangeliet, utan han förlitade sig till fullo på den helige Andes uppenbarelse. Han undervisade enbart i kraft och ledning av Gud.[537] Vi lär oss inte att bäst förstå Bibeln genom att läsa hermeneutik,[538] bibelkommentarer, religionsfilosofi eller systematisk teologi. Istället är det endast genom flitigt läsande av Bibeln varje dag, under bön till Gud om att rätt förstå dess undervisning, som vi kan växa till i uppenbarelse. Utan den helige Andes hjälp är det inte möjligt att förstå Guds ord, som ju är inspirerat av Anden.[539]

3. Skriftens klarhet

Mikael Sattler skrev:[540] *"Kristus är helt enkelt ja och nej, och alla de som söker honom kommer att förstå hans ord."*

Du behöver inte vara intelligent eller välutbildad för att förstå Guds ord. Faktum är att en akademisk utbildning i teologi snarare kan utgöra ett hinder för att rätt förstå och lyda en del saker i Guds ord. Det beror på att man tyvärr på många teologiska skolor får lära sig att många saker i Bibeln inte bör förstås bokstavligen. Klara bud i Skriften förklaras bort av personer som inte har vänt sina hjärtan till att i allt hålla fast vid Herrens bud.[541] Istället är det de som inte förlitar sig på sitt förstånd, utan är som små barn inför Gud, som tar emot Guds undervisning enligt dess klara och

---

[536] 1 Kor. 8:1.
[537] 1 Kor. 2:1–5.
[538] Teologiskt ämne som handlar om hur man ska tolka Bibeln.
[539] 1 Kor. 2:14.
[540] Mikael Sattler var en av de tidigaste ledarna för anabaptisterna i Schweiz och södra Tyskland. Han led martyrdöden år 1527, omkring två år efter det att rörelsen bildats.
[541] Ps. 119:112,126.

uppenbara betydelse, och lyder dess instruktioner. Paulus skrev följande till församlingen i Korint:

Det vi skriver till er är inget annat än det ni läser och kan förstå.[542]

Det mesta i Bibeln är inte svårt att förstå, i synnerhet inte Nya Testamentets instruktioner och befallningar för kristna i alla tider. Problemet är istället att många av dessa instruktioner och befallningar är väldigt utmanande och därför är det lätt att man tenderar att försöka komma runt kravet att verkligen lyda dem bokstavligen. Detta gäller framförallt sådana som inte helt och hållet har kapitulerat inför Jesus och därför inte låter honom vara Herre över allt i deras liv. Här är några av de utmanade bud vi kan läsa i Nya Testamentet, som alla lärjungar är kallade att lära sig att hålla:[543]

Men jag säger er: Älska era fiender, välsigna dem som förbannar er, gör väl mot dem som hatar er och be för dem som hånar er och förföljer er.[544]

För om ni förlåter människorna deras överträdelser, ska er himmelske Far också förlåta er. Men om ni inte förlåter människorna, ska inte heller er Far förlåta era överträdelser.[545]

Sälj vad ni äger och ge åt de fattiga. Skaffa er en börs som inte slits ut, en outtömlig skatt i himlen, dit ingen tjuv når och där ingen mal förstör. För där er skatt är, där kommer också ert hjärta att vara.[546]

---

[542] 2 Kor. 1:13.
[543] Matt. 28:19f.
[544] Matt. 5:44 SRB 2016.
[545] Matt. 6:14f.
[546] Luk. 12:33f.

Den som skiljer sig från sin hustru och gifter sig med en annan begår äktenskapsbrott, och den som gifter sig med en frånskild kvinna begår äktenskapsbrott.[547]

Löna inte ont med ont. Tänk på det som är gott i alla människors ögon. Håll fred med alla människor så långt det är möjligt och beror på er.[548]

Dessa bud är verkligen inte svåra att förstå intellektuellt. Det som är problemet är att vårt kött inte vill eller kan underordna sig Guds lag.[549] Vi löser inte detta problem genom att komma på teorier som förklarar bort sådana bud och får oss att vara bekväma med att inte lyda dem. Det vi istället måste göra är att helhjärtat omvända oss från all olydnad och be Gud om nåd och Andens kraft att leva i seger över all synd och själviskhet. Gud kommer helt säkert att besvara sådana böner, eftersom de är enligt hans vilja, förutsatt att vi verkligen vill leva i enlighet med hans bud. Genom guds nåd och den helige Andes kraft är det möjligt att växa till mer och mer i helgelse och lydnad av Guds bud.[550]

4. Inget samfund har hela sanningen

Tiden är inne för Herren att handla, de har upphävt din undervisning.[551]

Som vi har sett bör den främsta anledningen till att läsa Bibeln vara att växa till i tron på Jesus, och ta emot dess instruktioner för hur vi ska följa honom i våra liv. Över hela jorden är det emellertid så att många kristna inte förstår Bibeln på rätt sätt. Anledningen till det är många gånger att

---

[547] Luk. 16:18.
[548] Rom. 12:17f.
[549] Rom. 8:7.
[550] Rom. 8:4,12f; Gal. 5:16; Tit. 2:12; 1 Joh. 5:3f etc.
[551] Ps. 119:126.

man fått lära sig att förstå Bibeln i ljuset av de läror som ens kyrka eller samfund står för. Kristna som växer upp inom, eller blir omvända inom ett visst samfund, får lära sig många saker som gör att de inte kommer att läsa Bibeln opåverkade av dessa läror. Är du till exempel konservativ lutheran, anser du antagligen att de lutherska lärorna är mest bibliska. Så är fallet även om du är baptist eller pingstvän, som tar Bibeln på allvar. Av denna anledning blir man "hemmablind" och kan ha svårt för att se saker i Bibeln som det egna samfundet inte lär eller betonar. Olika samfund betonar olika saker och alla har sina styrkor och svagheter. Tyvärr är det nog så att inget samfund undervisar om och lyder alla saker i Jesu och apostlarnas undervisning i Nya Testamentet. De flesta läro-mässiga felaktigheter inom de olika samfunden har uppkommit till följd av att samfundets tidiga ledare betonade vissa sanningar och verser väl-digt starkt, men misslyckades med eller försummade att undervisa om andra sanningar.

Då de som förespråkar en felaktig lära blir utmanade av texter i Bibeln som motsäger deras lära, tenderar de att på olika sätt försöka bortförklara dessa texter. Många protestantiska samfund lär att det inte är nödvändigt att lyda Jesu befallningar för att förbli i honom och nå fram till det eviga livet. Istället är det vanligt att man lär att det är omöjligt för en pånyttfödd kristen att förlora sin frälsning. För att kunna försvara denna lära blir det nödvändigt att bortförklara nära 100 ställen i Nya Testamentet som uppenbarar att kristna verkligen kan avfalla från troheten gentemot Kristus och till slut gå förlorade.[552]

De som förespråkar felaktiga läror brukar förstås använda Bibeln för att försvara sina läror. Problemet är emellertid att de inte baserar sina läror

---

[552] Däribland Matt. 18:15-18; 24:9–13; Luke 12:35-48; John 15:1–10; Rom. 6:16-22; 8:12-13; Gal. 6:7–10; Hebr. 6:4–8; 2 Pet. 2:20-22 and Rev. 3:1–5.

på vad hela Bibeln säger, utan på ett antal "bevistexter." Om en viss lära är baserad på ett antal verser som dess förespråkare betonar starkt, men inte överensstämmer med flera andra bibelställen, är det en falsk lära. Jehovas vittnen är duktiga på att använda enskilda verser i Bibeln för att försvara sina läror. Det är även sjundedagsadventister, kalvinister, ortodoxa, förespråkare för trosrörelsen osv. Hur bör vi då läsa Bibeln för att inte bli bedragna av allehanda felaktiga läror? Jo, vi behöver älska sanningen och samtidigt vara ödmjuka och inse att vi för närvarande inte har en perfekt förståelse av allt i Guds ord. Vi får inte anse det vi har lärt oss som oantastligt, utan vara beredda att ge upp alla läror som inte håller måttet vid en djupare granskning av Bibelns undervisning. Det är också viktigt att vara medveten om att vi alla är påverkade av saker vi tidigare har hört och läst då vi själva läser Bibeln. Många gånger läser vi därför in saker i Bibelns texter som egentligen inte står där. Då vi läser Bibeln behöver vi anstränga oss för att endast ta till oss det som verkligen står i texterna, vare sig mer eller mindre. En annan sak som är väldigt viktig för att förstå Bibeln rätt är att inte rycka verser ur sitt sammanhang, utan alltid förstå dem i ljuset av kontexten, alltså vad som står före respektive efter versen ifråga. Därför är det viktigt att vi studerar Bibeln flitigt och noggrant.

Något som det också är väldigt viktigt att vara medveten om, ifall vi vill ha en sund och bibliskt förankrad tro, är att vårt eget kött ofta är vår värsta fiende då vi studerar Bibeln. Om vi läser något i Bibeln som inte överensstämmer med det vi för närvarande tror är sant, tenderar vår fallna natur att inte vilja ta emot det. Om vi älskar vissa läror vi tror på, är det dessutom ännu svårare att ändra uppfattning. Vi vill då gärna försvara vad vi tror på till varje pris. Om vi verkligen menar allvar med att följa Jesus, behöver vi även omvända oss från vår förkärlek för vissa läror, vara beredda att ge upp dem och endast tro på sådana läror som överensstämmer med hela Bibelns undervisning.

5. Studera Bibeln i ljuset av den tidiga kyrkans vittnesbörd

En av anledningarna till att det idag finns tusentals olika samfund och kyrkor, som inte kan komma överens med varandra om hur olika saker i Bibeln borde tolkas, är att man ofta inte känner till vad de tidiga kristna verkligen trodde, eller hur de levde som lärjungar till Jesus. Många moderna kristna har en överdrivet stark tilltro till sin egen förståelse av Bibelns undervisning. Då andra har en annan förståelse av olika saker än vi själva har, har vi en tendens att tänka att det är de andra som har missförstått Bibeln och inte vi själva. Många av dem som startat nya församlingar och rörelser har många gånger med rätta reagerat på en felaktig lära, som kyrkan de tidigare tillhörde stod för. Till följd av att de därför starkt betonar de saker deras tidigare kyrka inte lärde eller praktiserade, är risken att andra saker i Bibelns undervisning blir försummade.

Nu har det gått närmare 2000 år sedan kyrkans födelse på pingstdagen och dagens kristenhet är mer splittrad än någonsin. Från början fanns det dock inte flera olika samfund, utan endast en enad Kyrka. Paulus skrev inte brev till de lutherska-, reformerta-, baptistiska-, mennonitiska- eller pingstkyrkorna. Han skrev, exempelvis: *Till Guds församling i Korint...*[553] Det fanns bara en Guds församling, som var utspridd på olika platser. Jesus själv är emot all form av felaktig splittring av de som tillhör honom. Strax före sitt lidande, bad han för sina dåvarande och framtida lärjungar med dessa ord till Fadern:

---

[553] 1 Kor. 1:2.

Men jag ber inte bara för dem, utan också för dem som kommer att tro på mig genom deras ord. Jag ber att de alla ska vara ett, och att de ska vara i oss liksom du, Far, är i mig och jag i dig. Då ska världen tro att du har sänt mig. Och den härlighet som du gett mig har jag gett till dem, för att de ska vara ett liksom vi är ett.[554]

Av Jesu ord i denna bön förstår vi att det är oerhört viktigt att hans lärjungar inte är splittrade. Han säger att de som tror på honom behöver vara enade i Fadern och Sonen, för att världen ska tro att Jesus verkligen blivit sänd av Fadern. Det är alltså avgörande att Kyrkan är enad för att desto fler människor ska ta emot Jesus som sin Herre och Frälsare. Vem vill följa en Herre vars anhängare inte kan hålla sams med varandra? Då kristna strider sinsemellan, med fysiska vapen, eller med ord (som förstås är vanligast idag), blir Jesu namn vanärat och evangeliet om försoning och fred mellan Gud och människor, och människor emellan, kommer inte att tas på allvar. Det är därför av största vikt att var och en som vill följa Jesus och ta hans undervisning om Guds fridsrike på allvar, verkligen strävar efter att uppnå enhet. Såvida vi inte älskar våra bröder och systrar i tron, älskar vi inte Gud heller.[555]

Det finns emellertid en splittring mellan bekännande kristna som är god och nödvändig. I annat fall kommer nämligen Guds sanna församling att förlora sin kraft och helighet.[556] Församlingen har kallelsen att vara sanningens pelare och grundval.[557] Det är bara de som verkligen tar Jesu och apostlarnas undervisning på största allvar som kan uppnå en enhet med varandra, som är i enlighet med Guds vilja. Idag finns det många

---

[554] Joh. 17:20ff.
[555] 1 Joh. 4:20.
[556] 1 Kor. 5:7f; 11:19.
[557] 1 Tim. 3:15.

uppriktiga kristna som älskar Gud och vill följa hans undervisning, vilket är mycket bra. Många gånger kan de emellertid inte uppnå enhet med varandra och samarbeta med varandra för Guds rikes skull. Detta beror ofta på att man brister i ödmjukhet och har en överdrivet stor tilltro till sin egen förståelse av Bibelns undervisning. Det blir då svårt att underordna sig andra och lära av andra. Vi borde också fördjupa oss i hur den tidiga, enade kyrkan, förstod Jesu och apostlarnas undervisning i Nya Testamentet.

Om någon lär något som man inte kan spåra i kyrkans historia före till exempel 1500- eller 1800-talen, är sannolikheten stor att den läran är falsk. Jesus har lovat att hans församling aldrig ska bli övervunnen av dödsrikets portar, och att han kommer att vara med sina trogna lärjungar alla dagar intill tidens (gr. *aión*) slut.[558] Därför är det rätt och gott att se närmare på hur överlåtna lärjungar till Jesus under kyrkans historia har förstått Skriften. Vi är ju inte den första generationens kristna som har Anden!

Den tro som apostlarna lärde blev anförtrodd åt pålitliga män, som uppnådde Skriftens kvalifikationer för ledare.[559] Dessa pålitliga män undervisade i sin tur nästa generations kristna ledare, osv. Ledarna i den tidiga kyrkan var män som älskade och följde sanningens ord i sina liv. Många av dem led martyrdöden för sin tro på Jesus. Dessutom talade de flesta nytestamentlig grekiska flytande och kulturen de levde i var ungefär densamma som på apostlarnas tid. Det är därför relevant att studera vad de första generationernas kristna trodde, samt hur de levde sina kristna liv. Under 200-talet började dock vissa saker förändras till det sämre. I en del församlingar började till exempel barndop praktiseras och

---

[558] Matt. 16:18; 28:20.
[559] 2 Tim. 2:2; Tit. 1:5–9.

församlingsdisciplinen bedrevs inte lika konsekvent som tidigare. Generellt sett höll dock även 200-talets kristna fast vid den ursprungliga tron och livet. Till följd av de förändringar som ändå började ske, är det dock säkrast att främst studera de kristna skrifter som skrevs före år 200.[560] Vissa av författarna till dessa skrifter hade personligen blivit undervisade av apostlar, eller lärjungar till apostlar.

Vi ska dock komma ihåg att vår främsta auktoritet är Bibeln och inte de tidiga kristnas skrifter. Men, i syfte att uppnå enhet kring hur vi bör förstå olika saker i Bibeln, som bibeltrogna kristna har delade meningar om, är det relevant att studera hur de första generationernas kristna förstod dessa saker. Om det är så att även de tidiga kristna hade olika uppfattningar om något, är deras vittnesbörd inte viktigt, men om de alla ger uttryck för samma förståelse av en sak, är det sannolikt att detta beror på att de hade bevarat den ursprungliga och riktiga förståelsen. Detta förutsätter givetvis att deras lära har mycket stöd i Bibeln. De tidiga kristna hade samma syn på kontroversiella saker som idag splittrar kristna som vill vara trogna Bibelns undervisning. Några exempel är dopets betydelse, fri vilja kontra predestination, nattvardens betydelse, skilsmässa och omgifte, strid med fysiska vapen och deltagande i statens politiska angelägenheter. Låt oss därför inte vara okunniga om vad den ursprungliga tron och förståelsen av Guds ord verkligen var, utan studera de tidiga kristna skrifterna och vara beredda att överge allt vi tror på som inte överensstämmer med deras vittnesbörd om hur Bibeln ska förstås rätt.

---

[560] Ungefär de två första volymerna av tio i serien "The Ante Nicene Fathers." De finns att läsa gratis på internet. På svenska rekommenderas *DE APOSTOLISKA FÄDERNA*, övers. *O. Andrén och P. Beskow*. Den boken innehåller de flesta tidiga kristna skrifter fram till ca år 150.

Källor och Litteratur

A DICTIONARY of EARLY CHRISTIAN BELIEFS, ed. D. Bercot. Hendrickson Publishers Marketing, 1998.

CAESAR and the LAMB – Early Christian Attitudes on War and Military Service, G. Kalantzis. Wipf and Stock Publishers, 2012.

DE APOSTOLISKA FÄDERNA, övers. O. Andrén & P. Beskow. Artos bokförlag, 2006.

Den tredje reformationen – Den nutida frikyrkans uppkomst, K. Kilsmo. Gummessons boktryckeri AB, 1967.

Early Christian Commentary of the Sermon on the Mount, ed. E. Nesch. Pub. Early Christian Commentary, 2018.

GREKISK-SVENSK ORDBOK TILL NYA TESTAMENTET OCH DE APOSTOLISKA FÄDERNA, utarbetad av I Heikel och A. Fridrichsen. Bibelakademiförlaget, 2013.

KING JESUS CLAIMS HIS CHURCH, Finny Kuruvilla. Anchor-Cross Publishing, 2013.

NOVUM TESTAMENTUM GRAECE, Nestle-Aland. Deutsche Bibelgesellschaft och Hendrickson Publishers, 2007.

St Patrick, T. O´ Loughlin. Society for Promoting Christian Knowledge, 1999.

Svenska Folkbibeln 2015, XP Media.

Nya Testamentet – Reformationsbibeln (SRB). Svenska Reformations-bibelsällskapet, 2016.

Will The Real Heretics Please Stand Up, D. Bercot. Scroll Publishing Company, 1989.

www.denapostoliskatron.se